変わる学校、変わらない学校

学校マネジメントの成功と失敗の分かれ道

妹尾昌俊 著
（野村総合研究所主任研究員）

はじめに

日本中で、さまざまな学校運営、そして教育実践が日々なされています。そんな中、単純に2つに分けるのは少々乱暴ではありますが、①問題の多い状態から大きく改善した学校やイノベーティブな（革新的な）取組を行っている学校と、②学校づくりにあまり改善や進歩のない学校、努力しながらも停滞ぎみの学校があります。両者は、なぜ、どこで分かれてしまったのでしょうか？　本書は、こうした問題意識から**「変わる学校」と「変わらない学校」との差を明らかにし、そこから私たちは何を学ぶことができるのか、解説します。**

マスコミ等の論調とは少し違い、多くの教職員や関係者（保護者や地域住民、行政等）は、子どもたちのために、日夜一生懸命がんばっています。しかし、〝学校がよくなったという手ごたえは今ひとつない〟、〝学校はなかなかすぐには変わっていかない〟と感じている方も少なくないと思います。

日本の子どもたちの学力は世界トップクラスであり、ある側面では優れた教育を実践してきたとも評価できるわけですが、社会からの要請や学校を取り巻く難しい課題が増える中、よりよい教育ができる余地はあるし、一層チャレンジしていく必要もある、というのも確かではないでしょうか？　問題は「**なぜ多くの教職員や関係者が一生懸命になりながらも、学校は変わっていかないの**

か」という点です。

それは、教職員や関係者がたとえ**「個人としては優れていても、学校が組織、チームとしての力を発揮しきれていないからだ」**ということを本書では述べています。

折しも、日本の教員が多忙であることに社会的な注目が集まり、国でも**〝チーム学校〟**というコンセプトの中、教職員間の連携やマネジメントの重要性が強く主張されています。しかし、連携やマネジメントはこれまでなぜうまく進まなかったのか、そして具体的にどうしたらよいのか、明確に説明できているものはあまり見当たりません。

本書は、学校の組織力、チーム力を高めるためのマネジメントを基本的なところから解説し、着実に実践していける具体的な考え方と方法を提示します。


本書で提案することは、私がシンクタンクの研究員という、学校と利害や権威とは関係のない状態で接した中で、多くの方から本音を（ときには愚痴も）話していただいたこと、ある時は学校運営等の成功談、またある時は失敗談を話してくださったことが土台になっています。そうした蓄積を活用した本書が、類書と異なる特徴は4点あります。

第一に、**うまくいっている学校と停滞している学校**（**〝変わる学校と変わらない学校〟**）**を比較**し、改善や革新的な取組が進む要因、ポイントを分析している点です。本書では好事例（グッドプラクティス）を多く紹介していますが、なぜ他の学校ではこうはいかないのか、なぜ停滞するのかについても注視して解説しています。

第二に、第一の点と不可分なことですが、対策、処方箋を議論する前に、冷静に現状認識、診断を行うことを重視しています。詳しくは後の章でも述べますが、**すべては課題を特定し、重点化することから始まります**。課題が違えば、対策は異なるからです。トヨタ自動車では〝なぜを5回は繰り返して、物事の本質を見ようとする〟ことを習慣づけているそうですが、本書でも、〝多くの学校ではなぜうまくいかないのか？　なぜ？〟という点を相当突き詰めて分析したつもりです。

第三に、**学校のソトの世界（企業や行政）のさまざまな知見や実践からのヒントを参照**しています（私はこれまで官民様々な組織へのコンサルティングに携わるとともに、霞が関官僚も経験しました）。学校とは異なる点には重々留意しながら、他領域の実践から学校が学ぶことができる点は実に多くあります（しかし、多くの場合、学校のナカにいる方や教育委員会の関係者は、学校のソトのことをあまり知りません）。

同時に、4人の子をもつ親として、育児と学校づくりについて、自分のできることを少しずつ行ってきたことも活かしています（実際、ＰＴＡの役員をすると、研究員の時とはちがった学校の姿が見えてきました）。

第四に、以上の3点をなるべく平易かつ具体的に解説している点です。本書は、〝評論家による学校教育を批評する本〟ではありません。私は、自分の役割を〝翻訳家〟だと思っています。学校現場に足繁く通って、さまざまな年齢や立場の教員や事務職員、保護者・住民の方々らのお話を聞き、またそうした人々の頑張りと苦悩を肌で感じてきました。同時に、当事者からは少し距離を置いて物事を分析するよう努めました。本書はそうした**生の声やデータを、多くの学校で参照し実践していけるよう、翻訳**してきた結果です。

ところで、日本語とはよくできたもので、「腹を割る」「腹を据える」「腹が立つ」「腹に一物」など〝腹〟に関係ある言葉はかなりあります。「頭」だけで理解したつもりになっても、行動につながらず、うまくいかないことがあることを示唆しているようにも思えます。本書は、学校のマネジメントやチームづくりについて、「わかりやすくて、教職員をはじめ教育に関わる方の腹にスッと落ちる内容にしたい」という思いで執筆しました。

さて、読者（みなさん）は、次の4タイプのいずれかに当たると思います。

第一に、学校のマネジメントやチームづくりという点では、誰からもちゃんと教えてもらえず、内心わからないことでいっぱいの校長・副校長・教頭等、管理職の方へ。授業づくりや学級運営の経験や、事務処理のノウハウは豊富でまさにプロフェッショナルな校長等でも、マネジメントやチームづくりについては、驚くほどトレーニングされていない現状があります。

校長といえども、お金も、人も、あまり自由に動かせず（むしろ減らされることも多く）、また部下には常に気を遣わないといけない職場にいます。民間企業では考えにくいことですが、上司の指示を平然とサボタージュしたり（さぼったり）、反旗を翻したりすることも、学校では珍しいことではありません。〝学級王国〟という言葉が小学校について言われますが、目の前の子どもたちについては管理職よりもよっぽど情報優位に立つ一般の教員に対して、管理職はなかなか強く出られません（ちょっと難しい言葉ですが、「情報の非対称性」の問題です）。

この点、通常の民間企業よりも、そしておそらく行政組織（官庁や市役所等）よりも、学校のマネジメントやチームづくりには難しい側面がいくつもあります。そうした状況の中にいる管理職の方に、学校をマネジメントするとはどういうことか、どのような考え方と方法論をもって臨めばよいのか、多くのヒントを盛り込みました。

第二に、熱心な教職員の方へ（一般の教員だけでなく、事務職員や養護教諭、用務員、スクールカウンセラーの方々らを含みます）。現状をなんとかしたいと思って仲間を探したり、何らかの行動をしている方にも、あるいは居酒屋で「管理職はヘボい」と愚痴を言っている方にも、もっと毎日が面白くなる、もっと教育効果が上がるチームに学校が変わっていけるためには、どうしたらよいか。その点で実践できる考え方や方法論を、本書ではふんだんに紹介しています。

第三に、教壇に立つようになった当初は、この子どもたちに豊かな学びを提供したいという〝アツい〟思いをもっていたにもかかわらず、いつの間にか、〝事なかれ主義の住人〟となってしまった方々へ。シニアな教員の中には、「もうすぐ退職なんだし…」と思って毎日を淡々と過ごしている方もいるかもしれません。若手・中堅の方の中には、やっぱり〝出る杭は打たれる〟とか〝学校なんてすぐには変わりっこない〟、〝忙し過ぎて考える余裕がない〟と思って、諦めかけている人もいるかもしれません。彼ら・彼女らがもう一度原点に立ち戻って、学校や教育のビジョンと存在意義を問い直して、モチベーションをもって動き始めるきっかけに本書がなれば、という思いで執筆しました。

ところで、子どもたちに「勉強しなさい」「読書は大事だ」などと言っておきながら、自身はほとんど本も読まない、かといって耳学問（誰かに話を聞いて学習すること）もしない、〝先生〟と呼ばれている方は、私はあまり好きではありません。[1] 実際、ある校長は「最近では多忙を理由に、新聞も本も読まず、研鑽を積まない教員も増えている」と述べています。[2] 教師はまず「一流の学習者」であり、「よい話し手である前によい聞き手」であるべきです。おそらく、みなさんの職場も二分化しているのではないでしょうか？〝アツい〟思いを脇に追いやってしまった方が本書を手に取ってくれる確率は極めて低いと思いますから、「いいな」と思ったら、本書を2、3冊買って（笑）、さりげなく、その方の机に置いておススメしてほしいと思います。

第四に、自身の子どものことや学校のこと、そして地域社会の将来を心配する保護者や地域の方へ。本書では、地域の力で学校をよりよくしていくこと、それと同時に、学校の力で地域を元気にしていくことについても扱います。家庭の教育力だけに頼るわけにはいかず、他方で、地域も活力が低下しつつある昨今、学校という場は、三方（学校、家庭、地域）を活性化していく場となることについて書いています。そのためには、どのような考え方と戦略のもと、学校と向き合っていくかについて紹介します。

みなさんはどのタイプでしょうか？　そのいずれであっても、この本で一番伝えたいことはシンプルです。「よりよい教育をしたい、学校を変えたいと思うなら、学校がウチ（教職員の間）にも、ソト（保護者や住民等）にも、チームとなってチャレンジングなことに組織的に（属人的にではなく）取り組み、そのプロセスから学び続けていくことが一番の王道である。そして、**そのためには、①到達目標の共有、②プロセスの設計、③チーム・ネットワークづくりという3点を着実に実践していくことが学校マネジメントの基本となる**」というメッセージです。本書が組織力ある学校に変わるためのデザインと実践に役立てることができれば幸いです。

なお、主に公立の小・中学校、高校を念頭に置いて書いていますが、私立学校や大学の運営・経営のヒントとなることも盛り込んでいます。

最後に、本書の全体の構成について簡単に触れておきましょう。次ページの図は全体の見取り図です。

第1章で全体的な問題意識、コンセプトを述べます。つまり、日本の学校教育は悪循環から抜け出せないでいるのではないかという点です。

続く第2章では、荒れた学校が変わっていった事例等から、公立学校は、学び続ける組織へと変わることができるという点を具体的に見ていきます。同時に、第3章では学校が組織として基本的なことを疎かにしていて、チームとして脆弱であることを示します。2・3章を踏まえて、第4章

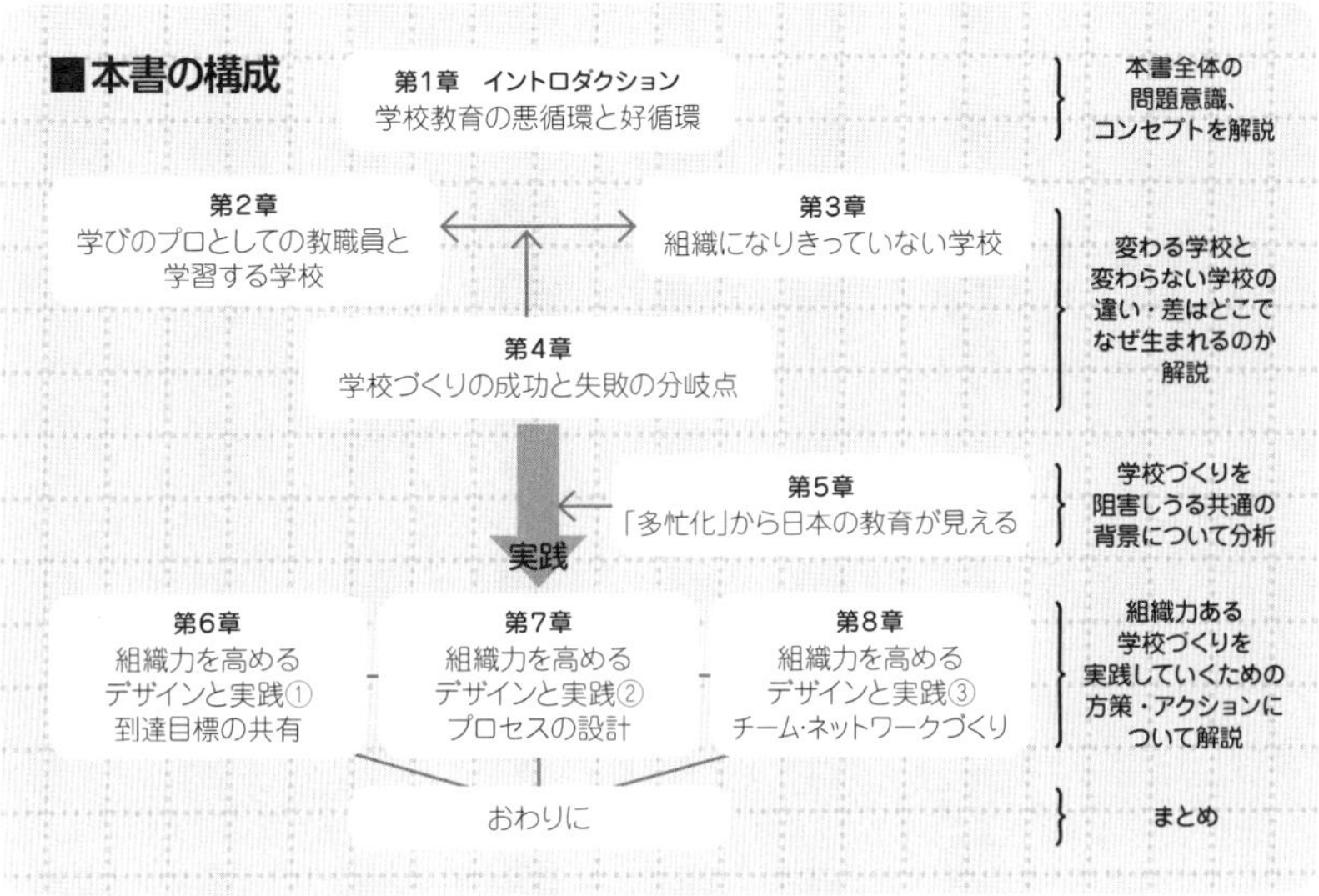

では学校づくりがうまくいく場合と停滞する場合の分岐点はどこにあるのかについての要点を整理します。

では、どうしたらよいか。具体的な対策、実践のポイントの解説に入る前段階として、どのような取組にもほぼ共通で関わるであろうことを紹介・分析します。つまり、多忙化が加速する現状（第5章）についてです。そのうえで、第6章〜第8章では、3つの視点に分けて学校の組織力を高めるための具体的なポイントと方策について提示します。

(1)　この問題については後述します（第2章）。夏休みの読書感想文の宿題は、子どもにではなく、教員に課してほしいと思います。

(2)　木岡一明編（2006）『学校の〝組織マネジメント能力〟の向上』、根布屋由規担当箇所、教育開発研究所、p.21。

目次

第3章 組織になりきっていない学校

第4章 学校づくりの成功と失敗の分岐点

第5章 「多忙化」から日本の教育が見える

第6章 組織力を高めるデザインと実践①

第7章 組織力を高めるデザインと実践②

プロセスの設計

第8章　組織力を高めるデザインと実践③

チーム・ネットワークづくり

第1章　イントロダクション

学校教育の悪循環と好循環

教育とは、学校で習ったことを
すべて忘れた後に残っているものである。
―アルバート・アインシュタイン（物理学者）―

公的機関が成果をあげるうえで必要とするのは
偉大な人物ではない。仕組みである。
―ピーター・ドラッカー（経営学者・コンサルタント）―

■カルロス・ゴーンが見た風景は学校と重なる

日産自動車の業績をV字回復させたカリスマとして知られるカルロス・ゴーン氏は、日産の経営に携わるようになった当初、基本的な問題として、次の趣旨のことを挙げていました。(1)

▼会議で使われる用語の定義が統一されていない
▼販売不振の原因を究明しようとしていない
▼目的と手段が混同されている
▼目的が抽象的で具体性を欠く
▼命令系統の指示が、「営業はもっとガンバレ」など、具体性を欠き精神主義的
▼将来のことを語るときに予測と希望が混同されている

これは日産の話だけではありません。日本の学校の多くにおいて、似たようなことが言えるのではないでしょうか？「販売不振」は学力低下、「営業はもっとガンバレ」のところは「現場の先生はもっとガンバレ」などと言い換えれば、わかりやすいでしょう。

つまり、あなたの学校では、**具体性のある明確な目標設定や、これまでの取組の反省を活かした改善策の立案はできているでしょうか？** 夢や希望は大事にしつつも、冷静な分析と観察に基づい

【図表1-1】筆者の出身小学校のホームページ（2015年6月24日現在）

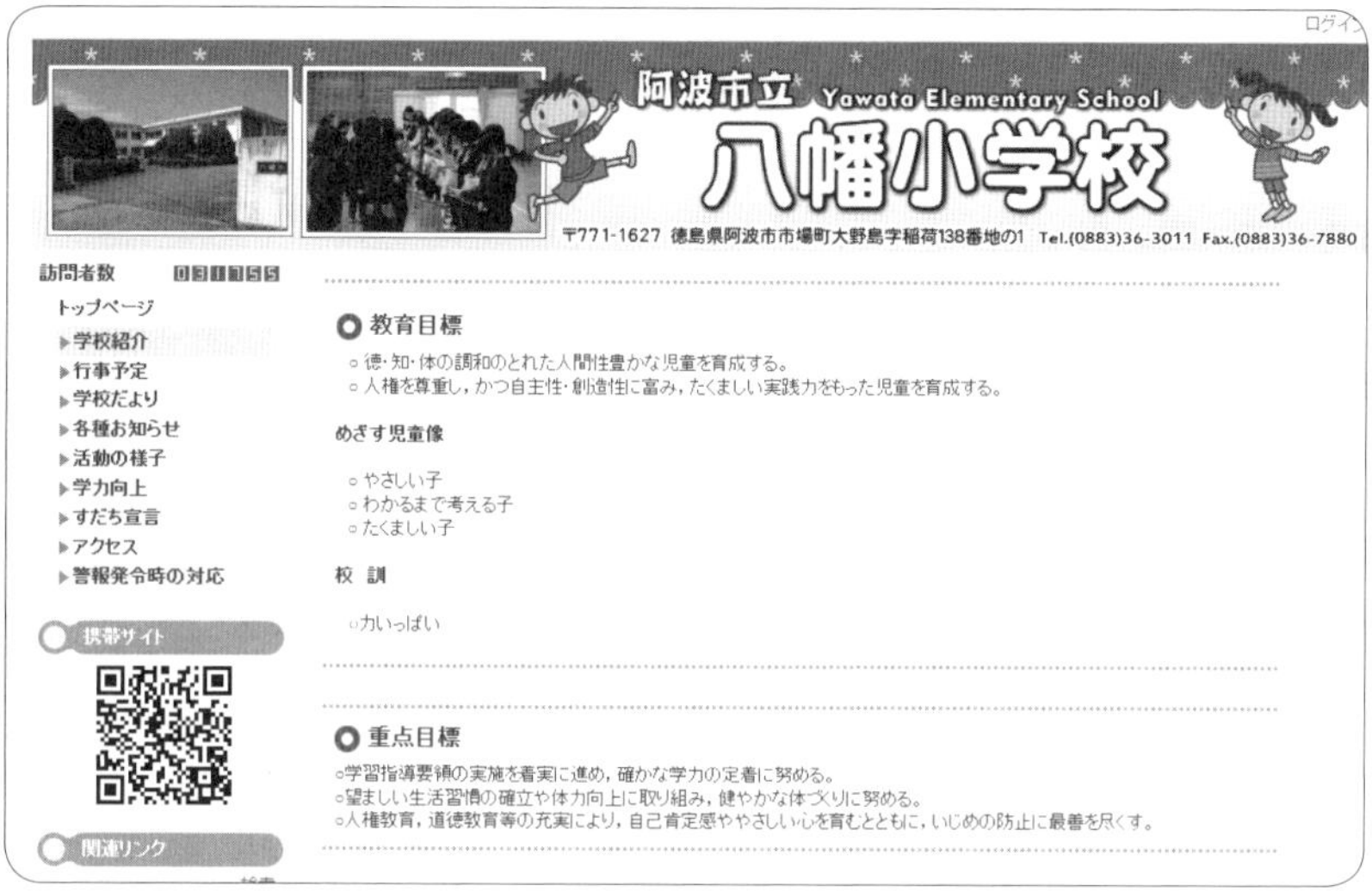

た現状認識と将来認識ができているでしょうか？　本書ではこうした傾向を学校の「組織マネジメント」という観点から分析し、問題の原因を特定し、具体的な処方箋を提示していきます。

■気になる学校のウェブページをのぞいてみたら

今もっとも気になる学校って、どこかありますか？「自分の卒業した小学校が思い出深い」「いや思い出なんてほとんどないから、卒業した中学校のことなんて今は興味ない」「娘が通っている○○中のことが気になる」「そういえばある本で〝日本で一番いい学校〟って書かれていた学校があったな」などさまざまな思いがあると思います。

試しにその学校のウェブページをのぞいてみてください。今や、ほとんどの学校でウェブページをもっています。行事などでの児童・生徒の様子を写真で伝えたり、中には校長日記的なものがあったり、給食を紹介していたり、見ていてけっこう楽しいと思います。

問題はここから。学校紹介の欄をクリック。学校の目標にはなんて書いてありますか？

私は預言者ではありませんが、これはほとんど当てることができます。小学校であれば、「元気な子を育てる」「夢いっぱいの子どもを育てる」といった表現が登場しているのではないでしょうか（「やさしい子」「たくましい子」「知・徳・体を伸ばす」なども類語。特に小学校では、〝元気〟や〝やさしい〟、〝〇〇いっぱい〟という表現が大好きな傾向があります）。

■学校に夢と元気はあるか？

でも、よくよく考えてみると、この目標はちょっと皮肉にも見えてきます。当の学校や教職員に元気や夢（ビジョン）がない状態で、子どもたちをどうして元気にできるのでしょうか？　はたして夢のある子に育つでしょうか？

むしろ、いまの公立学校は、多くの批判にさらされ、小さくちぢこまっているのかもしれません。多くのドラマやマンガで子どもに真摯に向き合い、前のめりで行動する先生が描かれるのは、現実にはそうした先生が少なくなっているからかもしれません。実際、教育委員会の中では、授業や生徒指導に優れた、いわゆる〝スーパーティーチャー〟を認定する動きが一時期盛んでした。

しかし、そうしたGreat Teacherがいても、その元気は学校全体に広がらないかもしれないし、その先生が異動してしまった後、長続きしないかもしれません。ある校長が「私たち教職員は、地域という〝大地〟にとっては、〝風〟みたいなものなんですよ。どこからか来て、そして去っていく。でも、土地になにかしらよい影響を与えて、子どもたちという種をすばらしい花や樹にしていく手伝いができる」ということをおっしゃっていたのはよいたとえです。問題は、教職員が学校に、そして子どもたちや地域に、何を残すことができるかということです。

学校では〝落ちぼれ〟の烙印を押された物理学の天才、アルバート・アインシュタインはこう言っています――**「教育とは、学校で習ったことをすべて忘れた後に残っているものである。」**

そう考えると、**Great Teacherは複数形でないといけないし、その人たちのよさをシステム、仕組み、あるいは組織の風土・文化にしておかなくてはなりません。「公的機関が成果をあげるうえで必要とするのは偉大な人物ではない。仕組みである。」**（ドラッカー[2]）というのは、まさに学校組織にこそ当てはまることだと思います。

■必要なのは、悪循環を断ち切り、好循環に変える哲学と戦略

同時に、今の学校や教職員には、大変多くのことが期待されています。課題や問題点を挙げだすとキリがないのではないか？　とさえ感じます。それゆえに、本書では、個人プレー（個業）では限界があり、学校を組織、チームにしていくことを述べ、そのための哲学（基本的な考え方）と戦

略（目標に向かっての中核となる道筋、ストーリー）について解説します。

哲学と戦略がしっかりせずに、手段ばかり議論するから、学校や忙しい教職員に次から次へとやることを増やすのです。その結果はどうでしょうか。せっかく世界でも有数の〝優秀さ〟を誇ると言われている日本の教職員の力は分散され、あるいは個人依存となってしまい、学校全体としては中途半端な結果しか生まず、それゆえに、当の教職員にも、学校の様子を見ている保護者や地域にも、成果実感が伴わないケースが見受けられます。その結果、学校は変わらないんだという世間の論調を助長させ、改革という名のもとにさらなる手段が降ってくる、という**悪循環になっています**（次ページ図表1－2）。

本書では、学校はいかにして、この悪循環から脱するのかについて解説します。そして、学校が家庭や地域とともにさらに活性化していく好循環をどうすればつくることができるのかについて、具体的な実践事例をもとに見ていきます。

それはどのような好循環でしょうか？　先ほど述べた悪循環の逆をやればよいのです。

①課題の原因を深堀り・重点化し、同時にビジョンを明確化する。

⬇ビジョン、到達目標とその目標に至るための課題を重点化（焦点化）する。

②大事なことは多いが、この考え方のもとに進めるという哲学・戦略を定める。

【図表1-2】公立学校における悪循環と好循環

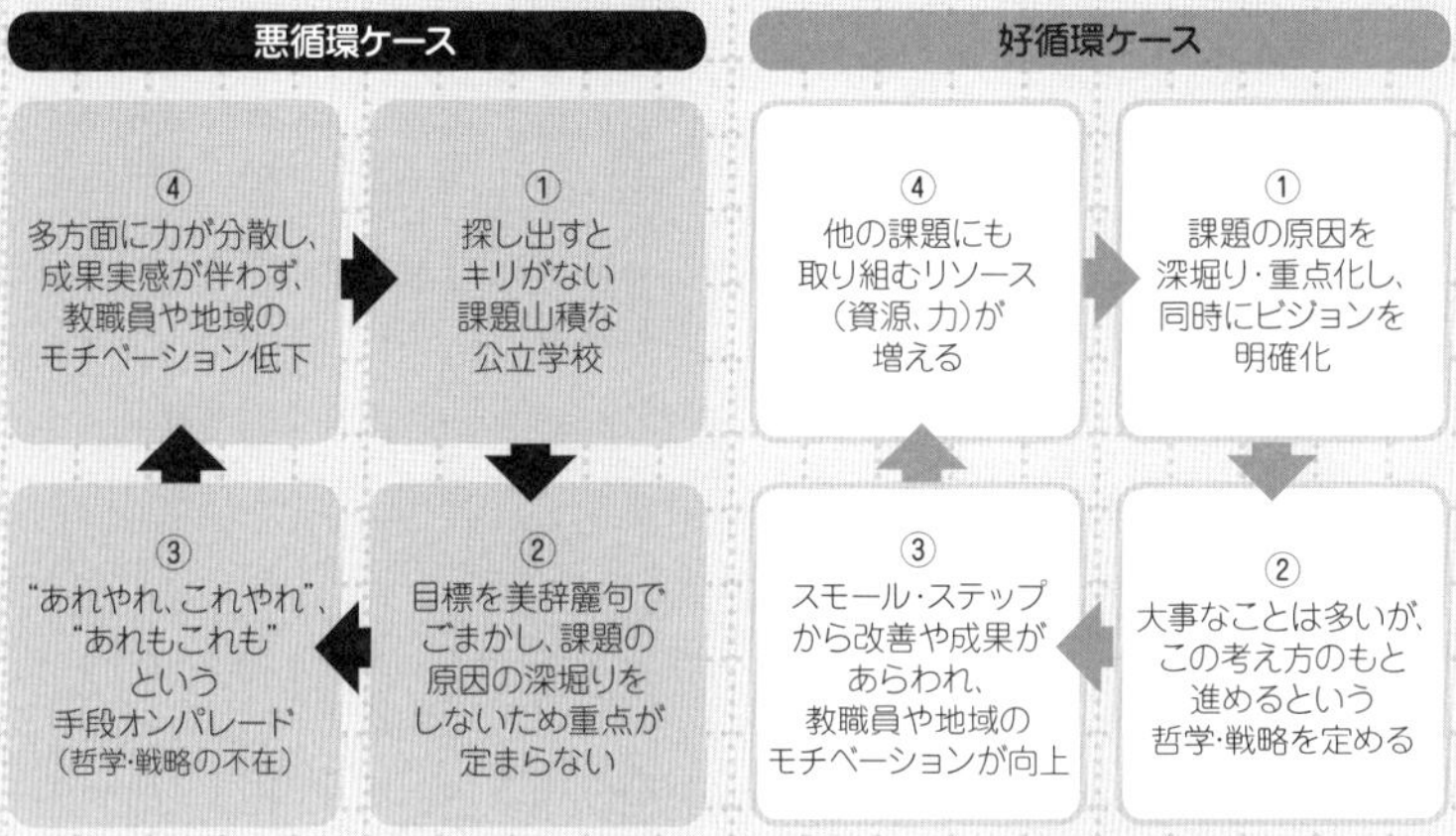

➡①で述べた到達目標に至るための基軸となる考え方を置いたうえで、課題を解決するためのプロセス、言い換えれば、軸がしっかりしたストーリーを設計し、学校内外で共有する。重点となる取組を保護者や地域とのネットワークを活用しながら、教職員がチームとして取り組む。

③スモール・ステップから改善や成果があらわれ、教職員や地域のモチベーションが向上。

➡はじめはちょっとしたことからかもしれないが、確かに取り組んでよかったと思える効果が、子どもたちの変化を通じて見えてくる。子どもがよい方向へ変わっていく様子を確認し、教職員や関係者のモチベーションが高まる。

④他の課題にも取り組むリソース（資源、力）が増える。

⬇学校が組織的に頑張った結果や、地域との連携の効果が実感されるため、さらに別の課題に対しても力を結集して取り組もうという気持ちになる。また、連携・協力する先が増えて、ネットワークが広がることで、学校が活用できるリソースが増え、さらに取組が発展する。

これらの①⬇②⬇③⬇④⬇①……がぐるぐる回り出すと、どんどん学校の様子が変わってくるというわけです。

こんなこと、言われなくても、当たり前に思えるかもしれません。しかし、あなたの学校の現状はどうでしょうか？　むしろ悪循環に近い状況にいるケースも多いのではないでしょうか？　企業経営でもそうですし、古今東西の歴史を振り返ってもそうですが、当たり前に見えることをしっかりやることほど、難しいものはありません。次章からは、好循環の具体的なストーリーを紹介していきましょう。

(1) 岡本薫（2006）『日本を滅ぼす教育論議』講談社、p.20。
(2) ピーター・ドラッカー（2001）『マネジメント（エッセンシャル版）』（上田惇生 翻訳）ダイヤモンド社、p.50。

第2章

学びのプロとしての教職員と学習する学校

学校は、命令や指令、
強引な順位付けではなく、
学習の方向付けを導入することで、
持続可能性のある、生き生きとした、
創造的な場に変えられる。
―ピーター・M・センゲ他（教育学者・実践家）―

教師は
「教える専門家（teaching profession）」であると同時に
「学びの専門家（learning profession）」でなければならない。
―佐藤学（教育学者）―

■教育改革は幻想なのか

世間では、「今の学校教育はダメだ」「公立学校はなかなか変わらない」という意見が少なくありません。かつては尊敬を集める職業であった、学校の先生という仕事も、今では必ずしもそうとは言えなくなりました。

文部科学省や教育委員会では、ここ十数年、公立学校の改革や教育改革は常にアジェンダ（重要な政策課題）にのぼってきました。しかし、「改革することや改革という旗を上げること自体が目的化しているのではないか」という声[1]や「現状認識が十分にないまま、改革を進めているのではないか」という声もあります。教育社会学者の苅谷剛彦氏は、10年以上前に『教育改革の幻想』という本の中で、次のように述べています。[2]

> 鳴り物入りで始まった教育の改革が、教育現場に何をもたらしたのかを、私たちは十分に知っているわけではない。それでも、「まだまだ改革は不徹底だ」「教育現場には十分浸透していない」といった声に押されるように、さらなる教育の改革が求められている。
> 私たちが無知であるのは、教育改革の成果だけにとどまらない。教育を変えなければならないというそもそもの出発点にある問題のとらえ方が、どれだけ的を射たものであったのか、それまでの教育のどこが問題で、何をどう変えれば、教育がよりよくなるのか。…（中略）…私

たちが実態をとらえ、熟知していたわけではないことに気づく。

同様の指摘は複数の識者がしています。池上彰氏も「事実、これまでの教育改革の変遷をたどってみると、改革の結果をきちんと検証して評価することなしに、何となくつくられた『世間の空気＝世論』によって教育方針が変えられてきたという側面があります」と書いています。[(3)]

日本の公立学校（本書では主に小中高を対象とします）は、本当にダメなのでしょうか？ あるいは、相次いで様々な制度導入や取組が〝改革〟という名の下で行われてきましたが、学校は実態として、よくなっていると言えるのでしょうか？

私は、これまでのヒアリング調査や数値データから、世間で言われているほど日本の学校はひどくはないし、よいところはたくさんあると観察しています。ＰＩＳＡ（国際的な学習到達度調査、15歳の生徒が対象）やＰＩＡＡＣ（国際成人力調査）などを通じて、ＯＥＣＤ諸国を分析した結果を見ても、日本の教育は高学力を継続しており、かつ大人も高いスキルを保持していることから、日本の教育はたいへん注目され、また評価もされています。[(4)]

■創造的な場としての学校

しかし、学校に問題や課題が多いことも事実であり、学校が今よりももっとよくなる余地はある、と考えられます。ピーター・Ｍ・センゲらは『学習する学校』という本の中で、次のように述べて

【図表2-1】日本における社会と学校との関係の概観

	戦前	(一部戦前)戦後～高度成長	1990年代頃～現在、未来
社会	○富国強兵 ○列強の帝国主義に対抗、戦争へ	○製造業を中心とした経済発展 ○テイラーシステム(科学的管理法による分業化と労働者育成)	○情報革命とグローバル化により単純作業は代替可能に ○東日本大震災等を経てモノの価値に揺らぎ ○改善だけではなく、イノベーションが求められる
学校	○国家を疑わず、指示に忠実に従う国民を養成 ○修身等の軍国主義教育 ○全体主義的な価値観	○分業されたことをミスなくこなす人材を育成 ○正解主義(減点主義) ○能率に価値	○新しい生活、文化を生み出せる人材を育成？(正解のない世界、加点主義) ○様々な人や技術を組み合わせ、独創的なものをつくり出すことが重要？

います。[5]

学習のための機関は「学習する組織」としてデザインされ、運営することができる……言い換えれば、**学校は、**命令や指令、強引な順位付けではなく、学習の方向付けを導入することで、持続可能性のある、生き生きとした、**創造的な場に変えられる。**

学校は、知識やしつけを詰め込んだりするだけではなく、「創造的な場」にならねばならない、という理念は、子どもたちにとっても、また教職員集団という学校組織にとっても、重要であり、共感を呼ぶものではないでしょうか？

なぜならば、かつてのように、工場や会社で**ミスなく能率的に仕事をこなす人材を育てるのが学校のミッション・役割ではなくなってきてい**

るからです（前ページ図表2−1）。学校はテストをはじめ、減点主義、ひとつの正解を求めるという文化が幅を利かせていますが、その発想のみでは今の社会の動きに合っていないと言われています。[6] 社会が求める人材像や世の中の大きな潮流、それらと学校がこれまで育成してきた人材像や方法論との間にギャップが生じつつあるのだとしたら、学校はもっと「創造的な場に変えられる」ということを改めて考え直す時期に来ていると言えます。

■ 〝学ばない〟教員

では、学校を創造的な場に変えていくために、いま、何が問題で、何が必要なのでしょうか？ひとつのヒントは、前述した『学習する学校』という本のタイトルです。あなたの学校は、教職員等が学び合い、切磋琢磨するような「学習する学校」になっているでしょうか？

ひとつ身近な例から考えてみましょう。学校の先生は、子どもたちに勉強しろと言っているのですが、自分たちは勉強しているのでしょうか？　教育新聞社の小中高の教員への調査[7]で「あなたは過去1年間、どのくらいの本を読みましたか（教育に関する本）」という質問への回答結果が次ページの図表2−2です。勤続年にもよりますが、年間20冊未満は約8〜9割です。

こうしたデータ等をもとに、月平均2冊も教育に関する本を読まない教員が8割もいるというのは嘆かわしい、教員が学ばないから、自分勝手な思い込みでの教育実践が幅を利かせ、世の中の知見を採り入れた授業ができていないのだ、と批判する論考もあります。[8]

【図表2-2】勤続年数別、一般教諭の年間読書量（教育に関する本）

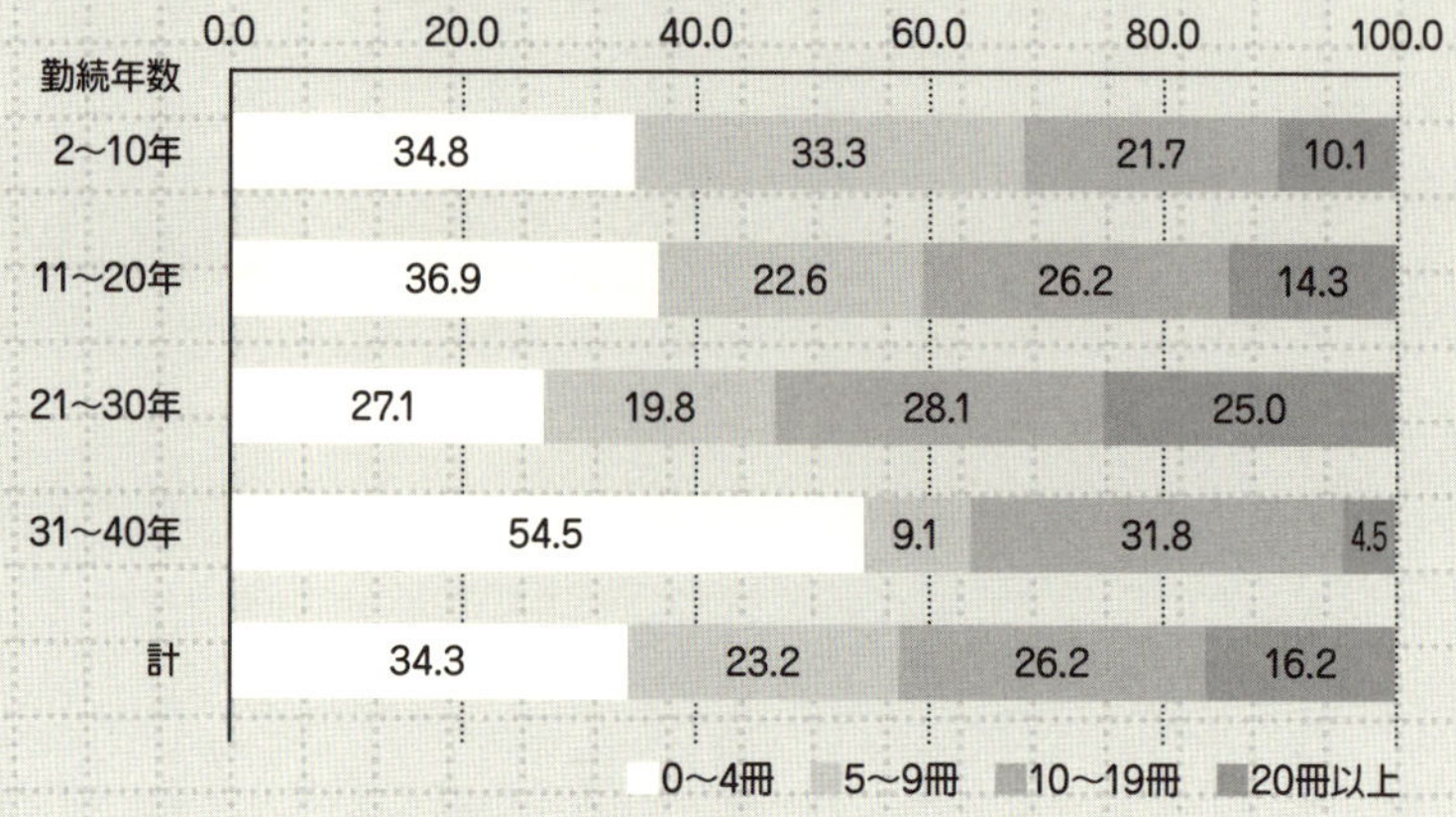

出所）教育新聞2011年8月4日付をもとに作成

生徒が社会に出ていこうとしているにもかかわらず、その社会を知ろうとせず、（忙しいと：引用者注）言い訳をしている状況は極めて不誠実だ。(9)

西洋東洋を問わず、古来、教えるという不遜な仕事を教師が行うことができたのは、教師自身が他の誰よりも読書をし、学んでいたからである。（中略）そのおおもとが崩れているとしたら、これこそ教育の最大の危機と言うべきだろう。**教師は「教える専門家（teaching profession）」であると同時に「学びの専門家（learning profession）」**でなければならない。知識が高度化し、複合化し、流動化している知

識社会においては、なおさらそうである。(10)

手厳しいようですが、社会が変わろうとしている昨今、重要な問題を提起しています。もちろん読書がすべてではありません。多読がよいとは限らないし、なにより、教職員にとっては子どもたちや同僚からの学び、教育現場が最大の学びの場でありましょう。(11) しかし、学習量や学習意欲のひとつの目安として読書量を見た時、今の状態は楽観視できません。

■課題山積の学校が変わっていったストーリー

本書のメッセージは、組織力ある学校づくりを進めることが学校にも、地域にももっとも優先的な課題である、ということです。学習する学校になっていくためには、個々の教職員の資質向上に加えて、学びあう同僚性（教職員の同僚間の関係性）をつくっていく組織力が重要となります。まずは、組織力ある学校づくりの典型的な事例と考えられるものを二つほど、見てみましょう。(12) いずれもあまり元気のなかった状態や問題のあった学校が活性化した事例です。

○学校の統廃合後、コミュニティを強くする　―土佐町立土佐町小・中学校

高知県土佐町は、四国のちょうど中央に近い場所にある、人口約４、１００人の小さなまちです。少子化と過疎化が進み、複式学級（複数の学年がひとつのクラスになる）が多くなったことから、

２００９年に五つあった小学校をひとつに統合し、中学校と同じ校舎に新設することになりました。

土佐小・中学校が面白いのは、普通なら、地域に学校がなくなるとコミュニティが弱くなるのではないかという心配が絶えないところ（実際土佐町の多くの住民からそのような声はありました）を逆手にとって、統合後はもっとコミュニティの力を強めるという方向に舵を切ったところです。

小学校の統合後、スクールバスは、住民用の路線バスも兼ねるようにしました。すると、地域のおじいちゃん、おばあちゃんたちが足繁く、学校を訪れられるようになりました。読み聞かせや放課後の子どもの居場所づくり（宿題をみたり、外で遊んでいるのを見守ったりする）、登下校の見守り、職業体験や体験的な授業での支援など、子どもの成長に地域の大人たちがよく関わるようになったのです。また、採点の補助など教員への支援も行っています。

住民のボランティア自体は、土佐町に限らず、全国の多くの学校で取り組まれていますが、土佐小・中学校のすごいところは、スポット的ではなく、継続的で、関連する取組との一体的な推進がなされているところです。たとえば、町は読書活動を子どもたちに勧めるだけではなく、大人に対しても強く啓発しています。毎年図書館でもっとも多く本を借りた人には表彰します。子どもを変えるためには、大人も変わらないといけないという意識が土佐町にはあります。

地域のおじいちゃん、おばあちゃんが学校を支援するのは、ご本人たちの学びや健康、生きがいにつながっています。中学3年生になると、地元の特産品の販売実習（県外まで売りに行く）も行

っていますが、その報告結果を住民（とりわけ農家の方）は大変楽しみにしているということです。

　こうした活動の背景には、前教育長の川田《かわだ》米《よね》實《み》さんの強い危機感と方針があります。少子化と過疎化が進んだ土佐町では、子どもたちが人に〝もまれる〟ことが少なく、コミュニケーション力や生きる力が弱くなるのではないかという思いがあります。たとえば、町では友達はずっと同じクラスという間柄ですし、強く自己主張しなくても、察してくれる環境で育つことが多いため、自分の考えや意見を述べる経験が少なく済んでしまいます。しかしながら、土佐町で育った子が、実際の就職活動やその後の仕事の中では、いろんなところで〝もまれた〟強豪たちと戦っていかなくてはならない。そのときの力をどうやってつけられるだろうか、と川田さんは考えました。その答えのひとつが、読書であり、職業体験であり、地域の大人との関わりという、多様な体験をさせるということです。

全国的には、自治体の財政難を背景に統廃合自体や効率化が目的化している事例も散見される中、土佐町では、**問題意識と理念、一貫したストーリーのもと、地域住民の参画を得た学校づくりを進めている**のです。

○教職員がチーム一丸となって、学級規律を復活させる　—岡山市立岡輝《こうき》中学校(13)

今はその面影はありませんが、岡輝中学校はかつては授業が成立しにくく、授業に入れない生徒や不登校が多い状態でした。経済的に困窮する家庭の中で、十分な教育を受けられない生徒も少なくありませんでした。長く校内暴力の嵐が吹き荒れ、校長が2人続けて倒れ、1998年度の新学期は校長休職のままでのスタートとなりました。

こうした問題に学校は、1998年度からさまざまな方法によって対処しようとしてきました。当初は、部活動の強化や学校行事での生徒参加などでこの問題を克服しようと教職員は大変努力しましたが、十分な効果を得るには至りませんでした。部活動や学校行事に生徒の居場所をつくろうとした試みでしたが、それらに参加しない子もいたためです。

しかし、様々な行事を通じて、PTAだけでなく、地域住民が学校に注目し、また参加するようになったことは、後の取組にもつながるものとなりました。

ひとつのターニングポイントとなったのが、１９９９年度頃から「荒れの克服」を目的として学校丸抱えの生徒指導から学校間連携等を行い、地域全体で考える生徒指導へと方針を転換したことです。同じ中学校区の保育園・幼稚園・小学校とタッグを組み、家庭向けに基本的な子育てやしつけの方法を示した冊子を作るなどの具体的な取組を通じた連携を進めました。また、地域住民・保護者と学校が積極的に話し合う場を持つとともに、住民・保護者に学校から積極的に情報公開をすることによって、学校に来てもらう、学校のことを知ってもらう機会を増やしました。具体的には、特別な学習指導を必要とする子に住民が学力支援サポーターとして個別指導にあたるなどしました。

こうした岡輝中学校区を地域とした学校運営を推進するための中心組織として、２００２年に「地域学校協議会」を設置。0歳～15歳までを対象に、責任ある保育・教育を行うという理念のもと、協議会を活用して保育園・幼稚園・小学校・中学校、ならびにＰＴＡや地域住民等が同じテーブルにつき、話し合いを進めています。最近では学区内の高校が参画する会議もあります。

地域学校協議会を通じて生まれた取組のひとつが、地域の高齢者を対象とした「シニアスクール」です（２００４年度から）。これは小中学校で生徒が学ぶ内容や発展した内容を、住民のボランティアの教師のもと、高齢者が学び直すことができる場です。もとは「行事だけではなく、もっと日常的に学校に関わりたい。世代を超えた交流を空き教室で実践すれば、生徒の成長に役立つのではないか」という協議会での住民の委員からの提案がきっかけでした。実際、お年寄りの頑張る姿を見ることは、学校の中にあたたかい雰囲気を生み、生徒の学習意欲を高めたり、学ぶ意味を問い直したりする意味でも効果が見られるということです。また、シニアスクールへの参加（講師または生徒として）は、住民にとって生きがいづくりになるなど、地域と学校の双方にとってよい効果が現れています。

もうひとつ、岡輝中の変革を語る上で欠かせないのが授業改革です。なぜなら、学校の中心は授業にあるからです。具体的には、２００７年度から**「授業で学校を変える」**ことを理念に、生徒が学び合う「協同学習」を導入しました。協同学習では、教員が一方通行的に話をするのではなく、教員の発問（問題提起）や教材をもとに、生徒が小グループをつくって話し合います。わからないことや困ったことがあれば、気軽に近くの生徒に聞くことができる、この仕組みは、多くの生徒が自然と主体的に学ぶ姿勢になるというメリットがあり、これによって授業を欠席する生徒や不登校は激減しました。

岡輝中において協同学習がうまくいった要因は3点に整理できます。

第一に、校長からのトップダウンだけでなく、教職員のボトムアップがあり、すべての教科で取り組んだこと。もともとこの取組は、ある教員が実践校に視察に行こうと提案したことから始まりました。すべての生徒を粘り強く受け入れるという理念を共有し、教職員がチームとなり、実践したのです。

第二に、〝協同学習なんてやって大丈夫か？〟という保護者の心配に対して、地域学校協議会の委員であるＰＴＡや住民の応援・協力があったこと。当初、協同学習でグループ学習が中心となると、学力の高い子は教えるばかりとなり、損ではないかという心配が保護者にも教員にもありましたが、実践してみると、教えることは学びであり、学力の高い子ほど大きな効果が現れているそうです。また、そうした効果を学校内外に情報共有していくうえでも、学校と協議会の双方の取組が重要となりました。

第三に、同じ校区の小学校も導入し、研修等を通じて、小中学校の教職員が切磋琢磨していること。保育園・幼稚園が参加することもある研修では、実際の授業風景を録画したものをもとに話し合います。教科の専門的な内容には専門外の教員や保育士は口を出しづらいところですが、協同学習という手法を共有しているため〝この生徒はここで集中できなくなっている、もっとこうしたらよかったのではないか?〟等の建設的な議論ができている、ということです。

○ドロップアウトを激減させた、厳しくも温かい高校　―東京都立秋留台高校(14)

秋留台高校は、「エンカレッジ校」と言って、学力テストなしで入学でき(面接試験)、1年時には1クラスに担任が2人付くという特別な仕組みを認められた学校です。

これは、いわゆる〝底辺校〟と呼ばれる低学力層が集まりやすい学校だったからです。生徒は基礎的な漢字やアルファベットから学び直していますが、十分に勉強についていけなかったり、問題行動を起こしたりして、退学や進路変更(多くがいわゆる中退)する子が後を絶ちませんでした。2000年には、入学した生徒の約半数に当たる140人近くが中退してしまっていました。その

【図表2-3】秋留台高校における転退学者、進路未定者の推移

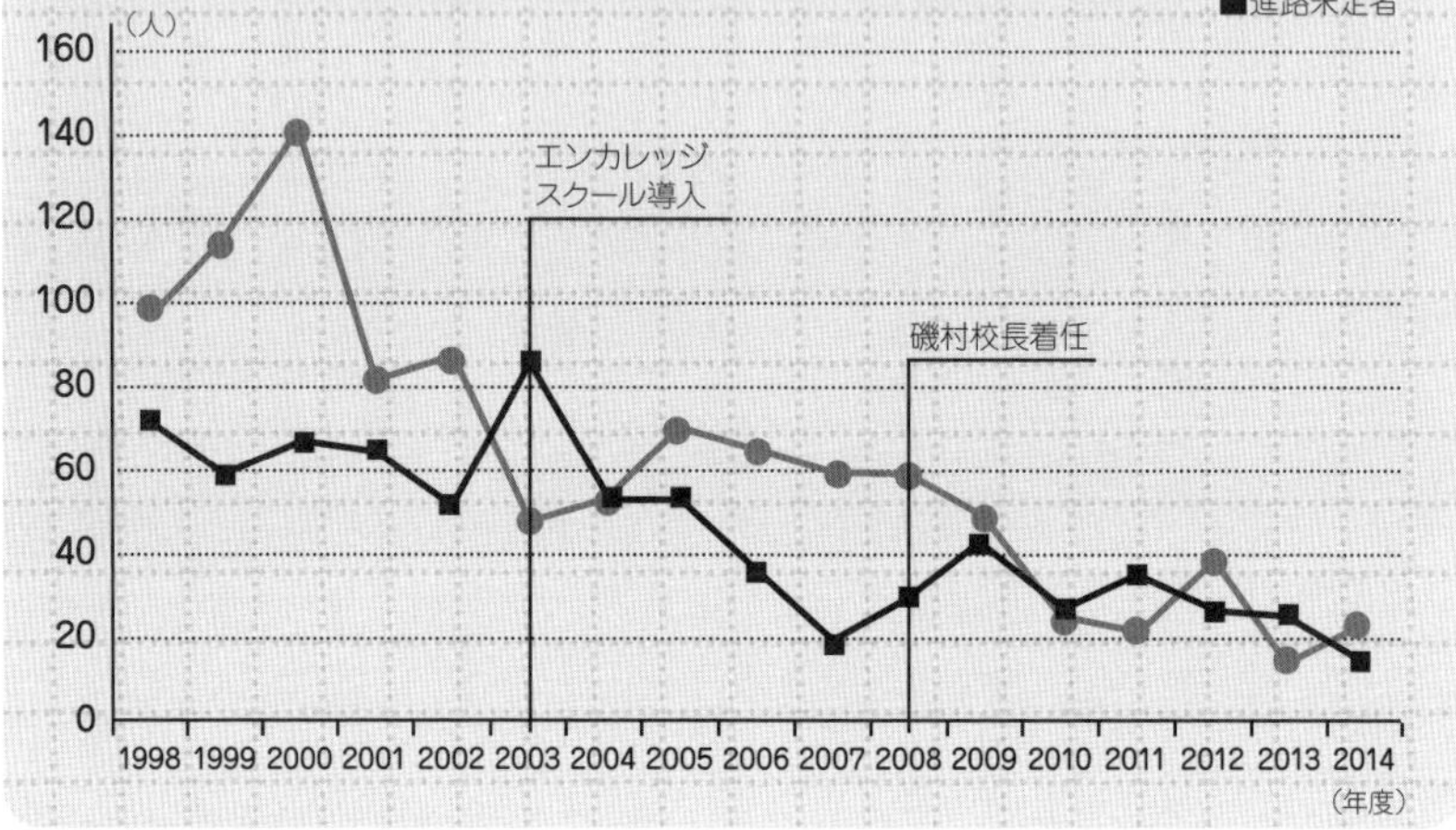

出所）秋留台高校資料をもとに作成

高校が、2011年度は中退者を約20人にまで減らしたのです（図表2-3）。グラフを見ると、転退学者（いわゆる中退数）、進路未定者数は着実に減少傾向にあることがわかります。

中退自体が悪いとは限りませんが、中卒扱いでは就職もままならず、非行に走ったり、アンダーグラウンドな世界に入ったりするケースも少なくないと言われています。高校というのは、彼ら・彼女たちの居場所、セーフティネットとなっている側面があります。義務教育ではないからと中退を早々に認めてしまっては、その子たちを社会は見捨てることにつながるのではないか、2008年に秋留台高校に赴任した磯村元信校長には、そんな危機意識がありました。

校長は、生徒を卒業させて、進路決定させることが全入時代の高校のミッションであるとし、中退者を減らすという方針と目標を明確に掲げ

ました。

同校で中退者がここまで減った背景には、エンカレッジ校という特殊な仕組みが功を奏してきたということもありますが、それら以上に、同校の教職員がチーム一丸となって、ドロップアウトする子をなるべく出さないようにした取組にあります。たとえば、学習指導以前に生徒指導・生活指導を浸透させる必要があることから、服装のルールを守ることを徹底するよう、教職員が協力して取り組みました。また、早い時期から働くことを意識させるため、2年生は全員地元の企業等にインターンとして受け入れてもらうようにしました。

困難校でありながらも秋留台高校の取組を支えるのは、モチベーションの高い教職員集団です。磯村校長は、生徒がよくなるためには、まずは教職員が元気でないといけないと考え、教職員の取組の意味付け（なぜその取組が重要なのか等）を丁寧に語ります。学校経営計画等で目標を掲げたきりにせず、頻繁に教職員に声をかけ、教職員向けの通信プリントでは、**具体的なエピソードを盛り込みながら、意識付けたいことを繰り返し伝えます**。

「元気な学校づくりには、元気な教職員から」というのは、しごく当たり前に聞こえます。民間企業でも「CS（顧客満足）を高めるには、ES（従業員満足）から」とよく言われます。しかし、同校では、このコンセプトは大変重い意味があります。同校がエンカレッジ校になった当初数年間は、普通の高校で教えてきた教職員にとっては慣れないことや、キツイことが多く、病気になる教員が続きました（2006年度には5人が休職、2011年度は0）。

学校内外のサポート体制も重要です。具体例のひとつは、**担任の教員が抱え込み過ぎないように**保健相談部というチームをつくったことです。養護教諭、特別支援コーディネーターらが入るそのチームでは、一定数の欠席のある生徒について、中学校に照会をかけるなどして、担任任せにしない生徒指導を行います。まさに〝チーム学校〟です。また、発達障がいの疑われる子に対しては、専門性の高いＮＰＯ、医療機関などの支援につなぐようにしています。

■「プロジェクトX」ではない

たった三つの学校の例からではありますが、「公立学校も捨てたもんじゃないな」「よく頑張っているところもあるんだな」と感じた方もいるのではないでしょうか。しかし、「この学校ではうまくいったけれど、うちの学校ではできないよ」という方も少なくないかもしれません。

三つの事例では、キーパーソン（教育長や校長）が強く推進したということも事実ですが、そうした人物だけの努力でうまくいったわけではありません。

かなり前の話になりますが、「プロジェクトＸ」というＮＨＫの番組が流行ったのを覚えている方も多いと思います。独特のナレーションで、「そのときＡ氏は決断した」といったセリフがあって、どん底の状態からの復活劇や快進撃が私たちの心を躍らせました。たいていの物語は、ある人物に焦点を当てたものでしたし、その人がいなければ、実現しなかったように語られていました。

しかし、人事異動が定期的に行われる公立学校では、そうした成功物語のパターンではいけないのです。ある人物に過度に依存した改革では、その人がいなくなった途端、トーンダウンする。そんな例を私は数多く見てきました。

この三事例も、これから随所で紹介する他の事例も、プロジェクトX型ではありません。そこにあるのは、教職員が目標を共有しながらチームとして頑張ったことや、教職員の頑張りを引き出す仕組みづくりに成功したこと、地域住民らの学校の外の力がうまく学校づくりに活用されるようにしたこと、それらを通じて、教職員をはじめ学校に関わる人々がチームの中で学習していったことなど、属人的ではないポイントがいくつもあります。

■あなたの学校を変えるためには

学校経営学が専門の浜田博文氏（筑波大学）は、グッドプラクティスとされてきた優れた学校の実践から学ぶことは多いとしながらも、次の課題があると解説しています。(15)

> 「あるべき学校（力のある学校）はこんな姿です」ということをいくら提示しても、「学校をそのように変えるためにはどうすればよいのか？」という問いにはいっこうに答えられない。いったいその学校はどのようなプロセスを経て今の状態へと変わることができたのか、ということがわからないからである。

たしかに、グッドプラクティスを表面的に理解するだけでは具体的なヒントは得られないでしょう。一方で、グッドプラクティスは、その学校独特の風土や文化がないと再現できない、と考えてしまうと、そこで思考停止してしまい、学ぶことが少なくなってしまうのではないでしょうか。そうした独特の要因が影響することは認めつつも、グッドプラクティスに至った、(多くの場合は)紆余曲折のプロセスの中から、参考となるポイントや組織的な(属人的でない)要因に注目することが必要です。

では、どうしたら学校改革は進むのでしょうか? 学校づくりが継続的に発展するポイントはどこにあるのでしょうか? このことは第4章からお話しますが、その前に次章では、学校の現状を診断することから始めましょう。

(1) たとえば、藤田英典(2005)『義務教育を問いなおす』(筑摩書房)では、2000年前後からの教育改革について、「改革の目的が達成されるかどうかに関わりなく、改革すること自体が目的になっているような、自己目的化した改革」と評している(p.10)。
(2) 苅谷剛彦(2002)『教育改革の幻想』筑摩書房、p.7~8。
(3) 池上彰(2014)『池上彰の「日本の教育」がよくわかる本』PHP研究所、p.7。
(4) たとえば、国立教育政策研究所のシンポジウム「国際比較から見る今後の日本の教育・教育政策とは」におけるOECD Andreas Schleicher局長の報告(2014年11月17日)。
(5) ピーター・M・センゲ他(2014)『学習する学校 子ども・教員・親・地域で未来の学びを創造する』(リヒテルズ直子翻訳)英治出版、p.16。
(6) たとえば、藤原和博(2014)『藤原和博の「創造的」学校マネジメント講座―「マネジメント」で学校と地域を動かし活かす』教育開発研究所。

(7) 「教育新聞」2011年7月25日、同年8月4日http://www.kyobun.co.jp/feature/list_01.html/。
(8) たとえば、林純次(2015)『残念な教員―学校教育の失敗学』光文社、第1章。
(9) 林純次(2015)前掲書、p.27。
(10) 佐藤学(2009)『教師花伝書―専門家として成長するために』小学館、p.72～73。
(11) 佐藤学(2009)前掲書。
(12) これ以降、本書では事例を紹介しつつ、そこから得られたヒントを分析していきます。ただし、紹介事例については、取材当時のものであり、その学校・地域の最新状況を必ずしも反映しているものではありません。特に引用しない限り、具体的な実践事例については私がプロジェクトリーダーを務めた次の文部科学省の委託調査をもとにしています。
http://www.mext.go.jp/a_menu/shotou/uneishien/detail/1327330.htm
http://www.mext.go.jp/a_menu/shotou/gakko-hyoka/05111601/1305974.htm
(13) 金子郁容(2005)『学校評価―情報共有のデザインとツール』、筑摩書房、p.17～19のほか、同校への取材(2015年)をもとに作成。
(14) 同校への取材(2015年)をもとに作成。
(15) 浜田博文(2012)『学校を変える新しい力』小学館、p.11～13。

第3章

組織になりきっていない学校

学校の現場の管理職を通じて
教師の間に広められた『組織』や『経営』の概念は、
実は表面的な理解でしかありません。
—ある教師の学会での発表—

個の力が弱くてもチームとして戦えば
個の強いチームに勝てることを証明した。
一体感は、鳥がライオンを倒す力にさえも
なりえるのだ。
—遠藤保仁（サッカー日本代表選手）—

■不満だらけの公立学校

学校、とりわけ公立学校に対する世間のまなざしには、大変厳しいものがあります。子どもたちの抱える問題に今の学校は十分には対応できていない、という不満が強いのです。

これは、今に始まった話ではなく、２０００年前後に特に強くなりました。２０００年に教育改革国民会議（首相の私的諮問機関）が提出した報告書（「教育を変える17の提案」）は、「日本の教育の荒廃は見過ごせないものがある」、「従来の教育システムは、時代の流れに取り残されつつある」と指摘し、当時としては相当思い切った提案をたくさんしました。

教育改革国民会議の指摘・提案（一部抜粋）

◎地域の信頼に応える学校づくりを進める

学校、特に公立学校は、努力しなくてもそのままになりがちで、内からの改革がしにくい。地域で育つ、地域を育てる学校づくりを進める。単一の価値や評価基準による序列社会ではなく、多様な価値が可能な、自発性を互いに支え合う社会と学校を目指すべきである。

◎学校や教育委員会に組織マネジメントの発想を取り入れる

学校運営を改善するためには、現行体制のまま校長の権限を強くしても大きな効果は期待できない。学校に組織マネジメントの発想を導入し、校長が独自性とリーダーシップを発揮できるようにする。

学校が地域の信頼に応えられておらず、組織マネジメントもままならない状況であったと認識されていたということでしょう。もっとも、提言書の中では、地域の「信頼」や「組織マネジメント」というキーコンセプトについて、具体的な解説はありませんが……。

この教育改革国民会議以降も、学校や教育行政を変えるべしという様々な議論が政府やマスコミ、世論の中で繰り返されてきました。しかし、寡聞にして、「学校が改革された」「すごくよくなった」という声は、一部の例を除き、あまり聞こえてきません。これまでの〝教育改革〟と呼ばれてきたことには、何が欠けていた、もしくは足りていなかったのでしょうか？

そのヒントは、この２０００年の教育改革国民会議の提言の中にあるように思えます。

■わかったようでわからない「組織マネジメント」改革

同提言の中では「組織マネジメント」という言葉が出てきました。学校教育の中で最も弱点であり、かつ重要なインパクト（影響）があるのが「組織マネジメント」であると、私は考えています。

しかし、**「組織マネジメント」は、わかったようでよくわからない言葉**のひとつです。なぜかというと、**「組織とは何か」「マネジメントとは何か」という二つの難問がドッキングした概念**だから。おまけに、学校の先生の中には、カタカナ語に抵抗感をもつ人もかなりいます。「企業や外国で使われている概念が、日本の教育環境の中で当てはまるものではない」とカタク信じている方も少なくないように思います。

ある中学校の教師は、日本教育経営学会で次の問題提起をしました。(1)

「学校の現場の管理職を通じて教師の間に広められた**『組織』や『経営』の概念は、実は表面的な理解**でしかありません。だから、一般の教師にも学校経営学を学ぶチャンスを与えてほしいのです」

この発言が象徴しているように、「組織」や「経営（マネジメント）」、あるいは両者を合わせた「組織マネジメント」の理解が表面的な側面が現状にあるのだとすれば、もっとそれらの概念をかみ砕いて、現場の教職員の腹に落ちるところまでもっていく必要があります。

■「組織」になりきっていない学校

まず、「組織」あるいは「組織力」とは何かについて考えてみましょう。

興味深いのは、スポーツの世界で、「組織力」という言葉が勝負の分かれ目として度々紹介されることです。典型的なのがサッカー。２０１４年のＦＩＦＡワールドカップブラジル大会では、残念ながら結果につながりませんでしたが、２０１０年の南アフリカ大会では、岡田ジャパンが大活躍しました。帰国後の記者会見で、監督や選手たちが口をそろえて「組織力のサッカーの強さが証明された」「選手だけでなく、ベンチ、監督・コーチ、スタッフがチーム一丸となった勝利」といった言葉は、熱狂した多くの日本人の記憶に強く残っていると思います。

同大会の後、日本代表の遠藤選手は次のように告白しています。「日本は個の能力では世界に遠く及ばない。」その前大会（ドイツ）では、「初戦のオーストラリア戦で逆転負けを喫し、チームはバラバラになった」のに対して、南アフリカ大会ではチームに一体感があった。「一体感のないチームは、それがプレーに露骨に出る。ぜんぜん、泥臭くないし、身体を張ってプレーをしていない。」「今回、日本は身体を張って、泥臭いプレーで90分を戦った。そうして結果を出し、**個の力が弱くてもチームとして戦えば個の強いチームに勝てることを証明した**。一体感は、鳥がライオンを倒す力にさえもなりえるのだ。[2]」

サッカーの話は、学校づくりにも大変参考になります。**組織の強さ、総合力は、個人力と組織力の掛け算である**、と私は考えています（次ページ図表3-1）。サッカー然り、優れた個人がたくさんいるからといって、必ずしも組織力が強いとは限らないのと同様、個人力と組織力は別の軸として捉えたほうがよいでしょう[3]（もちろん相互作用はあります[4]）。

また、これまでの教育改革も、個人力を高めようとするベクトル（方向性）と組織力を高めようとするものの2タイプに分けることができます。たとえば、教員免許更新制を導入したことなどは、

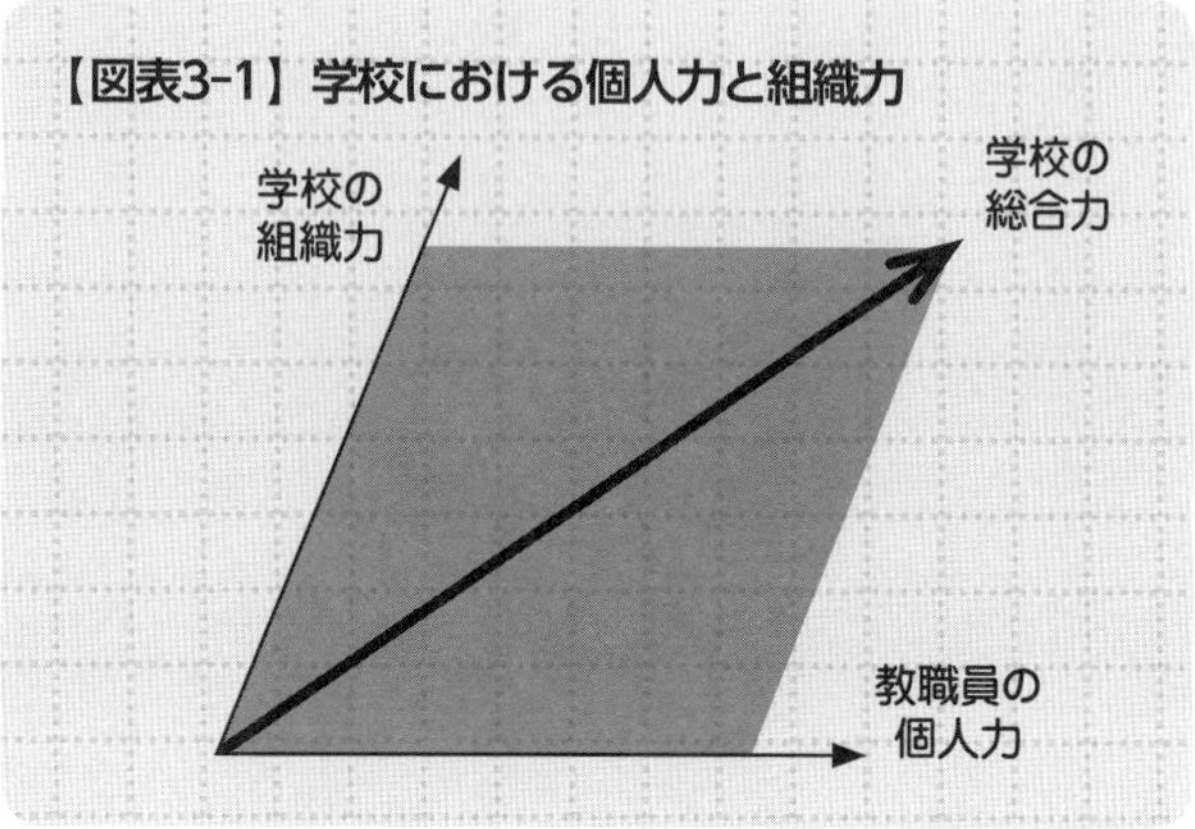

【図表3-1】学校における個人力と組織力

主には個人力の向上に注目したものと言えるでしょう。

私は、２０００年前後からの教育改革の歴史を振り返ったとき、個人力に着目した改革が多かったと観察しており、組織力を高めるベクトルが弱かった点は反省点であろうと見ています。

ただし、一部に組織力向上をねらった改革もあります。たとえば、校長の権限の強化や主幹・主任というポジション（企業で言うところの課長補佐や主任をイメージしてもらったら近いかもしれません）をつくって、教職員集団の中の階層化を図ることですが、これらが本当に意図したとおりになったかどうかは、よく検証しなければなりません（実際、私がお会いした中では、「異動しなければならない年数が伸びるから主幹教諭になった」という方や、校務分掌のリーダーとして具体的な構想がない主幹・主任もいました）。主幹や主任というかたちを整えただけではうまくいきません。当然ですよね。サッカーでも４－３－３とか４－５－１といった**フォーメーション（選手の配置）があります**が、**それをいじるだけで強くなるわけではない**でしょう。そのフォーメーションを活用する戦略や戦術が重要となります（**「組織は戦略に従う」**という格言を思い出しましょう）。

では、組織、あるいは組織性として学校を見たときの学校の現状、言い換えれば、学校の組織力は、今どうなっているのでしょうか？　次のような指摘もあります。

組織に成りきっていない学校

学校は組織体である、と言われてきた。……（中略）……しかし、実際の学校での人々の動きをみていると、個々人が自立（個業）的に活動している場面が多くあることに気づく。学校は、「人格の完成」という遠大な教育目的にそぐうべく一般的、包括的な目標（たとえば「たくましく心豊かな子どもの育成」）を掲げるが、それでは、**組織目標としては曖昧で目標達成のための技術が一様に決まらない**。……（中略）……学校では、結局のところ教育を各教職員の教育活動→各児童・生徒の学力や行動という局面に限定してしまいがちとなる。つまり、全体や関連ということがほとんど意識されなくなってしまうのである。(5)

高度化し複雑化している知識・技術や急激に変動している社会に対処しうるには、個々の専門から脱し事態に共同的に向き合い個性や特技を活かして知恵を持ち寄ることが必要となる。ところが、学校は、多くの活動を個々の教職員の裁量や解釈に委ね、**協働することの意味や方法を忘れてしまっている**。そして、種々の問題を教職員それぞれが抱え込み、1人では対処不能なことさえも独力で何とかしようとし、「学級崩壊」にみられるようなかえって事態の悪化

を招いている。(6)

学校組織の特性とマネジメントの課題

教員の裁量性に基盤をおく学校組織の特性は、その実態として**個業化した学校組織のデメリットを顕在化させつつある**のが、今日的状況でもある。児童生徒の多様性や教育課題の複雑性が個別教員の知識や技能の範囲内に収束する場合には、その有効性を保持しうるが、それを越える場合には組織的な対応が困難な脆弱なシステムになる危険性を有している。……（中略）……それぞれの教員の力を学校という「組織」の力としてまとめあげていく機能と仕組みづくりの中で対応していくことが必要な課題だといえる。そこに、現代の学校における「マネジメント」の意味があり、学校が組織として対応する必要性があるといえる。(7)

このように、学校というところは、実は**組織になりきっておらず**、個々の教員が個人で勝負している側面が強いのではないでしょうか？　私が教職員向けの研修や講演で、「『協働』・『協業』が複数の人が協力し合って取り組むことを指すとすれば、学校では**教職員間の協働・協業は少なく、『個業』（個々人の活動）になっていることが多いのではないか？**」という話をしたとき、「個業」という言葉がたいへんしっくりくる、チームプレーではなく個人プレーの多い職場になっている、とおっしゃる方が大変多くいます。

■学校は「まずいラーメン屋」か

以前、国の委員会である方が「学校はお客が来ることが決まっているまずいラーメン屋」のようなものだと発言して、ちょっとした物議をかもしたことがあるそうです。[(8)] 公立学校は競争がないから、おいしいラーメンを出す努力を怠っている、改善しなくてもやっていけているという意味のようです。

これについて、前出の浜田氏は、ラーメン屋のように単品で勝負できるほど、学校は単純ではない。子どもたちの状態は多様化していて、オーダー（学校に求めること）は一様ではない。いわばファミレスみたいなものだ、と指摘しています。[(9)]

このたとえはなるほどと感じる一方で、学校はファミレスほど整然ともしていないし、システマチックに運営できているとも思えません。

たとえるなら、**商店街で個人店**を食べ歩きしているイメージのほうが近いと思いませんか？「あの先生はよかった」「いまひとつだった」など、当たる教員によって味がかなり違うからです（実際、保護者の中には新学期に、わが子の担任の先生が〝アタリ〟か〝ハズレ〟かという話をする方もいます）。一国一城の主である個人商店が軒を連ねる商店街では、なかなか商店街全体としてのまとまりや協力関係をつくることは難しいケースがあります。

実際の世の中でも、商店街は、大手量販店の進出等で苦戦続きのところも多いのですが、商店街が一丸となって取り組み、活性化している事例もあります（高松市の丸亀町商店街などが有名）。学校もそうありたいものです。

■学校における「マネジメント」とは

次に、「マネジメント」という言葉です。これまたやっかいで、定義しようとしても、論じる人ごとにいろいろなことが言われています。文部科学省も学校における「マネジメント」という言葉は使っていますが、あまりきちんと定義できているとは思えません。[10]

そこで、具体例が大変わかりやすい、藤原和博氏（杉並区立和田中学校の民間人校長を経験）の指摘を紹介します。

藤原和博氏のマネジメントについての指摘[11]（一部抜粋）

教育関係者の中には、「管理」と「マネジメント」の違いも分からない方々が散見されます。だから、小中学校3万校の校長の中には、なんと恐ろしいことに、マネジメントの「マ」の字もできていない学校経営者が多数存在することになる。

「管理」とは、書類を左から右へ、つつがなく動かすような仕事を指します。早く、正確に、法規を遵守して「処理」するイメージ。

これに対して、「マネジメント」というのは、ひとことで言えば、もっと創造的な行為です。

……（中略）……

校長の業務で、「管理」と「マネジメント」では、いったいどれほどのパフォーマンス（業績）の違いが出るものでしょうか。

ケース(1)　教員が足りない。だから、児童生徒に十分なサポートができない。

［管理型校長の場合］教育委員会に増員申請をして、ただ指示を待つ。先生方には、耐え忍んで、夜間の残業や土日の仕事をしてもらうようお願いし、たまに飲みに連れ出して機嫌を取る。

［マネジメント型校長の場合］先生たちの仕事をサポートしてもらえるボランティア組織を立ち上げ、地域社会の巻き込みを図る。図書室の運用や部活のコーチ、緑のお世話など、入りやすいところから始めて、地域に埋もれた教育資源や人材を発見しネットワークする。土曜日の算数や漢字の補習にも、大学生やシニア世代の支援をあおぐ。同時に、地域の塾の塾頭などにも頭を下げて協力を要請する。

世の中の校長の多くがマネジメントの基礎がわかっていない、というのが当たっているかどうかは調査・検証が必要だとは思いますが、この管理型校長とマネジメント型校長の違いは、かなりドキっとする読者もいるのではないかと思います。続けて、見てみましょう。(12)

マネジメントというのは、調達しうる資源が限られているとき、その資源を上手に組み合わせて目標の達成につなげる、総合的で芸術的な行為を指す。

学校にマネジメントという場合、その目標は「子どもたちにより豊かな教育を」ということに尽きるだろう。……（中略）……

そのために調達しうる資源とは、大雑把に言えば企業の経営と同様、「人（ヒト）」「金（カネ）」、「物（モノ）」それに「情報（コミュニケーション）」と「時間」だ。ただし、……（中略）……「人（ヒト）」は都道府県教育委員会が、「金（カネ）」と「物（モノ）」は市区町村教育委員会が握っているから、そう簡単には動かせない。したがって、「情報（コミュニケーション）」と「時間」という資源を動かすセンスが優先する。教頭上がりの大半の校長にはこの感覚がわからない……（中略）……

また、教員集団は私企業のサラリーマンのように「昇進」や「賞与」を動機づけとして動いてはくれない。多くの教員は「あんなに事務仕事をやらされるなら教頭や校長にはなりたくない」と思っている。……（中略）……だから、「昇進」や「賞与」で教員を動機づけようと考える中途半端な民間人が校長に就任すると失敗するケースが多い。

■マネジメントは単なる〝やりくり〟か

もう少し身近な例で考えてみましょう。私は最近になってやっと家計簿を付け始めました。家計の管理、やりくりといったようなことも、マネジメントの一種と言えます。藤原氏の定義でいうところの、「マネジメントというのは、調達しうる資源が限られているとき、その資源を上手に組み合わせて目標の達成につなげる」行為に当たるからです。しかし、〝やりくり〟というと、通常は資源が増えない中での効率的な配分を指す言葉ですが、マネジメントはそうした意味に留まるものではありません。藤原さんも「総合的で芸術的な行為」と言っているように、資源を増やしていくといったクリエイティブな営みを含むものです。

その点では、学校教育も関係する地方自治体において、〝行政改革〟や〝行政経営（行政マネジメント）〟といったときに、多くはコスト削減というやりくりの〝改善〟にとどまっており、資源を増やすクリエイティブなものになっていない状況があったのではないでしょうか？

学校における「組織マネジメント」とは、教職員間の協働関係、チームワークをよくして、ビジョンや目標に向かって、予算や教職員の力（＝限られた資源）を組み合わせていくこと、また、学校が新しい価値や効果的な教育を創造していくための行為と捉えることにしたいと思います。

■データから見える、学校の組織力の実態

以上、見てきたように、学校では、組織としての力も、マネジメント力も不足しているのではないか、という主張はかなりあります。しかし、これは実態を正しく捉えたものなのでしょうか？

ここでは、野村総合研究所が文部科学省の委託調査（私はプロジェクトリーダー）の中で実施したアンケート結果を紹介します。学校が目標を立てて、その進捗状況をチェックする学校評価という取組が全国のほとんどの小中高校において実施されています（自己評価については法律上義務付けられています）。学校の取組を評価して反省して、次につなげるというのは、限られた資源をうまく活用する組織マネジメントの基本のひとつと言えましょう。

調査によると、学校評価を活かして、学校運営・活用の改善につなげている学校や教職員のチームワークの強化などに活かしている学校は、全体の6～8割であることがわかります。逆に言うと、**約2～4割は十分に組織立ってそうした活動をできていない**という回答です。（次ページ図表3－2）

肯定的な見解が多いことはよいことではありますが、全国で約2割以上もあまりできていない実態があるという現実も、深刻に考えなければなりません。つまり、自己評価はやっているけれども、個業では対応できないことや伸ばしきれないことを、チームとしての活動につなげられていない学校も多いということです。しかも、これは文部科学省のシンポジウムの参加者に対して実施した結

【図表3-2】学校評価の活用状況について（N=428）

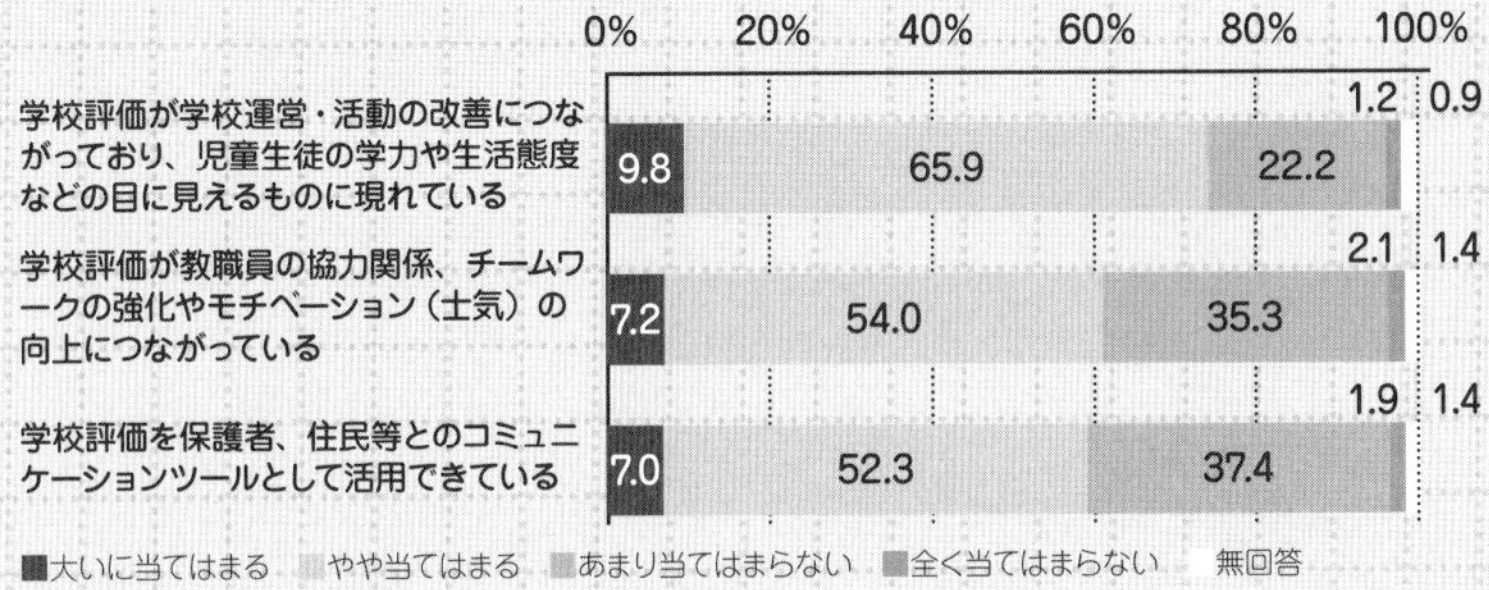

出所）2009年度文部科学省学校評価推進協議会での野村総合研究所実施アンケート
回答者数：全428名（校長97名（22.7%）、教頭161名（37.6%）、教務主任69名（16.1%）、その他主任19名（4.4%）、一般教諭22名（5.1%）、教育委員会職員50名（11.7%）、その他8名（1.9%）、無回答2名（0.5%）所属機関別では、小学校226校（52.8%）、中学校139校（32.5%）、高等学校40校（9.3%）、その他23校（5.4%）。なお、教育委員会については、学校評価を最も進めている学校の状況についての回答を得ている。

果です。回答者の多くが文部科学省のモデル校の指定を受けている地域等であるため、全国的な傾向はこの結果より差し引いて（つまり、より悪い結果であると）考える必要があります。実際、モデル校とモデル校以外の状況について調査したところ、モデル校以外のほうが成果につながっていないという差が見られました(13)。

学校運営の改善やチームワークにつながらない典型的な停滞事例では、教職員や保護者へのアンケートは行うが、教職員はその結果を眺めるだけになっている（考察や改善策の立案に至らない）、学校側は評価シートを作るまでで疲れてしまって、やりっぱなしの評価になっています。あなたの学校は大丈夫でしょうか？

次に、浜田氏の研究（対象は小中学校）(14)によると、校長として職務を遂行する上で、もっと身につける必要があると自己認識している力量として、「明確な将来像（ビジョン）を示すこと」「4～5年の長期的視野に立って学校の教育計画を構想すること」「学校教育の今日的課題を広い視点から観ること」などは、4割以上の人が「非常に必要」と回答しています。

さらに問題なのは、管理職が自己評価しているよりも、組織マネジメントは、一般の教職員には十分に浸透していない現状があります。一例を挙げると、千葉県佐倉市教育委員会が、2008年に市内の小中学校の教職員にアンケート調査[15]を行ったところ、「職員が学校教育目標の具現化を意識して教育活動に取り組めるよう指導しているか」について、校長・教頭（N＝69）の92・8％が「とてもしている」「おおむねしている」と回答していますが、教諭・講師（N＝628）では、「あらゆる教育活動において、学校教育目標の具現化ということを意識しているか」について同様の肯定的な回答は61・9％です。また、「マネジメントサイクルを機能させることができるように、職員を指導しているか」に対する管理職の「とてもしている」「おおむねしている」との回答が74・0％であるのに対して、教諭・講師の「教育活動（職務の遂行）にあたってマネジメントサイクルを実行している」について肯定的な回答は60・0％です。

このように、当然ではありますが、管理職と一般の教職員との間には意識の差があることがわかります。また、マネジメントサイクルとはおそらくPlan→Do→SeeやPlan→Do→Check/Actionという、計画を立てて実行したことを反省して次に活かすことを指していますが、これについて、あまり指導できていない管理職が（教育委員会が調査した結果でさえ）約25％いること、またマネジメントサイクルや学校教育目標の具体化という、組織マネジメントの基本的なところが十分できていない教職員は約４割に上ることがわかります。この結果を他の地域や学校に安易に一般化はできませんが、先の学校評価への調査結果も併せて考えると、組織マネジメントの基礎的なところでつまずいている学校は相当ある可能性が示唆されます。

以上、いくつかの論調とデータから、学校はうまく組織マネジメントができていないのではないか、という点について問題提起しました。しかし「学校には組織マネジメントが大事だ！」と声高に主張するだけでは、ほとんどの学校の教職員には響きません。組織マネジメントは抽象的な概念なので、問題を裏返して言うだけではハッキリしません。学校ではどのような点で組織マネジメントが不足しているのか、また、なぜそうなのかについて、次章では掘り下げて考察します。

(1) 浜田（２０１２）『学校を変える新しい力』、p.58～59。
(2) 遠藤保仁（２０１１）『信頼する力―ジャパン躍進の真実と課題』角川書店、p.26、35、81～83。
(3) 佐古秀一教授も、学校の組織マネジメントの2つの要件として、①「教員の自律性」と②「組織性」を挙げています。つまり、学校は、①一人一人の教員が目の前にいる子どもについて考え、よりよい教育実践を、誠実に構想、実践していく主体として行動し、教育実践の具体の局面においてその質あるいは水準を高めていくこと（①「教員の自律性」）と、②個々の教員の部分最適の集合体に陥らないように、学校教育のつながり、まとまりを実現すること（②「組織性」）を両立させていくことが必要というわけです。佐古秀一（２０１１）「個業と協働のマネジメント　元気のでる学校づくりのための学校組織マネジメント」、『「つながり」で創る学校経営』ぎょうせい、p.28。
(4) たとえば、個人力が優れたチームでは互いをリスペクトし合って、組織力も強くなるかもしれませんし、組織力が強いチームは互いに切磋琢磨する中で、メンバーの個人力も向上する可能性があります。
(5) 木岡一明（２００４）『学校評価の問題を読み解く　学校の潜在力の解発』教育出版、p.20～21。

(6) 木岡一明編（２００６）『学校の〝組織マネジメント能力〟の向上―目標達成を目指す組織マネジメントの展開』教育開発研究所、p.1。

(7) 北神正行（２０１１）「学校組織のマネジメント」、『「つながり」で創る学校経営』ぎょうせい、p.4～5。

(8) 金子郁容（２００５）『学校評価―情報共有のデザインとツール』、p.7。

(9) 浜田博文（２０１２）『学校を変える新しい力』、p.27。

(10) たとえば、中央教育審議会答申「今後の地方教育行政の在り方について」（１９９８年９月）、文科省「学校運営の改善の在り方等に関する調査研究協力者会議」の提言「子どもの豊かな学びを創造し、地域の絆をつなぐ～地域とともにある学校づくりの推進方策～」（２０１１年７月）、文科省「コミュニティ・スクールの推進等に関する調査研究協力者会議報告書」（２０１５年３月）、「チームとしての学校の在り方と今後の改善方策について」（チームとしての学校・教職員の在り方に関する作業部会中間まとめ、２０１５年７月）においても「マネジメント」の重要性はたいへん強調されていますが、明確な定義はありません。

(11) 文部科学省「学校運営の改善の在り方等に関する調査研究協力者会議」（第３回、２０１０年11月８日）（http://www.mext.go.jp/b_menu/shingi/chousa/shotou/078/shiryo/1298989.htm）

(12) 藤原和博（２００７）『校長先生になろう！』日経ＢＰ社、p.64～65。

(13) ２００９年度の学校評価に関わるシンポジウムにおいて、主に教育委員会向けにモデル校とモデル校以外の状況に分けて、学校評価が学校運営・活動の改善につながっているかどうかアンケートしたところ、肯定的な回答はモデル校では約90％であったのに対して、モデル校以外では60％にとどまっていた（モデル校Ｎ＝93、モデル校以外Ｎ＝１３１）。

(14) 浜田博文（２００３）「校長が必要性を感じているマネジメントの力」『教職研修』（２００３年５月）

(15) http://www.city.sakura.lg.jp/0000004500.html

第4章

学校づくりの成功と失敗の分岐点

空疎な戦略とは、
わかりきっていることをふんだんな専門用語や
業界用語で煙に巻くような戦略を意味する。
―リチャード・P・ルメルト（経営学者・コンサルタント）―

やっていない者に催促はしない、
やったかどうか、成果はどうかも聞かないなど、
極度の相互不干渉がある。
―ある中学校教諭からの報告―

■組織マネジメントの三つの要素

第2章では組織マネジメントの定義やデータについて紹介しました。では、学校はどのような点で「組織マネジメント」ができていないのでしょうか。また、なぜそれが苦手なのでしょうか。本章では、**学校づくり、組織マネジメントの成功と失敗を分けるものは何か**について、考えます。

ここでは、組織マネジメントを三つの要素に分解した上で、成功と失敗の原因を考えます。すなわち、**①到達目標、②プロセス、③チーム・ネットワーク**です。

この三要素の重要性は、登山するときや、(何度も出しますけど)サッカーを思い浮かべてもらえるとわかりやすいと思います。登山のときは、当然どこの山を目指して、どの地点

【図表4-1】組織マネジメントの3要素

登山の場合

①到達目標＝ 到達地点

②プロセス＝ 道筋、ルート

③チーム・ネットワーク
＝仲間

サッカーの場合

①到達目標
＝ワールドカップ優勝

②プロセス
＝どうやって勝つかという戦術

③チーム・ネットワーク
＝選手団(監督・スタッフ含む)、サポーター

（頂上なのか、何合目までか）まで頑張るのか目標を定めます。また、通常は、登山ルートも考えておく必要があります。天候や道の状態によっては、また道に迷ったときなどは軌道修正します。次に、チームや仲間を募集して編成します（1人で登るケースもありますが）。遭難や緊急時に備えて、連絡できる先を確保しておきます。

■空疎な目標

では、最初に学校における①到達目標について考えます。目標には2種類あります。ひとつは到達点・ゴールです。到達目標や成果目標、アウトカム目標と言われることもあります。もうひとつは、到達する前のプロセス、ステップごとの目標で、こちらをプロセス目標や取組目標と呼ぶこともあります。

まずは前者の到達目標について考えます。到達目標は、「ビジョン」という言葉に置き換えても構いません。どの学校でも何らかの目標なりビジョンを掲げています。たとえば、「知、徳、体のバランスのとれた子どもを育成します」とか、「生徒の生きる力を育みます」「思いやりのある子を育てます」といった言葉が学校教育目標に大きく書かれていることがほとんどです。しかし、これらは本当に目標またはビジョンと呼べるものなのでしょうか？

ヒントとして、大小、営利・非営利さまざまな団体のコンサルティングを手掛けるリチャード・P・ルメルト氏の『良い戦略、悪い戦略』を参照します。「戦略」という言葉は到達目標とプロセスの両方を含む概念ですが（第6章で説明します）、氏は悪い戦略のひとつとして、「空疎である」ということを述べています。(1)

空疎な戦略とは、わかりきっていることをふんだんな専門用語や業界用語で煙に巻くような戦略を意味する。そのような戦略は、専門知識や戦略思考や高度な分析の末に練り上げられたような顔をしているが、実際にはまったくちがう。具体例で説明するほうが話が早いので、ここではある大手リテール銀行の戦略を紹介したい。それは、「われわれの基本戦略は、顧客中心の仲介サービスを提供することである」というものである。「仲介サービス」というのはなかなか響きの良い言葉だが、要はお金を預かって貸し出すということで、銀行の本業にほかならない。「顧客中心」は……（中略）……どこでもやっていることで、これだけで差異化が図れるとは思えない。要するに、「顧客中心の仲介サービス」はまったく中身のない言葉である。この銀行の戦略から厚化粧をはがせば、「われわれの基本戦略は銀行であることである」となってしまう。

お気づきになりましたか？

この銀行の例に似ていて、**「知、徳、体のバランスのとれた子どもを育成します」は「学校は塾ではありません」と言っているのとほとんど同じ意味でしかない**と言えます。公立学校ならば、知・徳・体（知力、道徳、体力）のいずれも大事なことや、子どもたちの生きる力（その定義や意味は議論の余地はあれ）や思いやりを育むことに力を割くべきということは、自明であるからです。たとえると、これから登山に行く人が「今日は山に登りに行きます」と言っているだけ、パン屋が「うちは焼きたての美味しいパンを届けます」と言っているのと同じ。どの山にどの程度まで行こうとしているのかは語っていないのです。

おまけに、期間（いつまでに）があいまいな学校目標は実に多いです。これでは、**「私はいつか山登りをしたいです」と言っているのと同じ**で、いつまでに、どの山に、どの程度の高さまで行きたいのか述べておらず、あまり意味のある宣言とは思えません。

むしろ、学校では**抽象的な表現や美辞麗句で、到達目標をぼやかしている、あるいは目標やビジョンがあるかのように〝見せかけている〟**ことが多いのです。

校長の自己認識として、明確な将来像（ビジョン）を示すという点がもっとも必要とされていたこと、また、教職員に学校のビジョンや目標が必ずしも響いていない現実があることについては、前述したとおりです。なぜそうなるか。到達目標やビジョンが十分に語られていないし、明記もされていないからです。

■学校ではみな同じゴールを見ているのか

もうひとつ例を挙げましょう。ある公立高校の校長に「貴校の目標について教えてください」と質問したときのこと。「文武両道」という答えが返ってきました。「文武両道」、いい言葉で、私も結構好きです。おそらく、勉強だけできてもダメで、部活動なども盛んにして、心身とも伸ばしたいとおっしゃっているのだと思いますが、これも、知・徳・体バランスよくという決まり文句とほとんど変わりません。

面白いのはここからです（とあまり皮肉っては少々失礼かもしれませんが）。この高校の一般教諭、それも様々な経験年数の方（若手からもベテランからも）に、この学校〝目標〟についてどう思うかヒアリングしました。すると、以下のような反応が返ってきたのです。

・「文武両道」と言っても、具体的に何を意味するのかよくわからないし、校長ら管理職は詳しくは語ってくれない。

・〝部活命〟というある先生は、「文武両道」と聞くと、自分の部をインターハイに連れて行くことだと考えているようだ。でも別の先生は、うちの生徒は学力がもっと伸びる可能性があるのだから、授業をもっとよくして進学実績を上げることだと考えている。

・この学校の目標について、個々の教職員が何かの機会に振り返ることはほとんどない。多少個人の人事評価面談のときに、言及するくらいだ。

このように、到達目標の共有は極めてあいまいなものだし、本音はバラバラなのです（図表4-2）。

【図表4-2】到達目標の共有の差

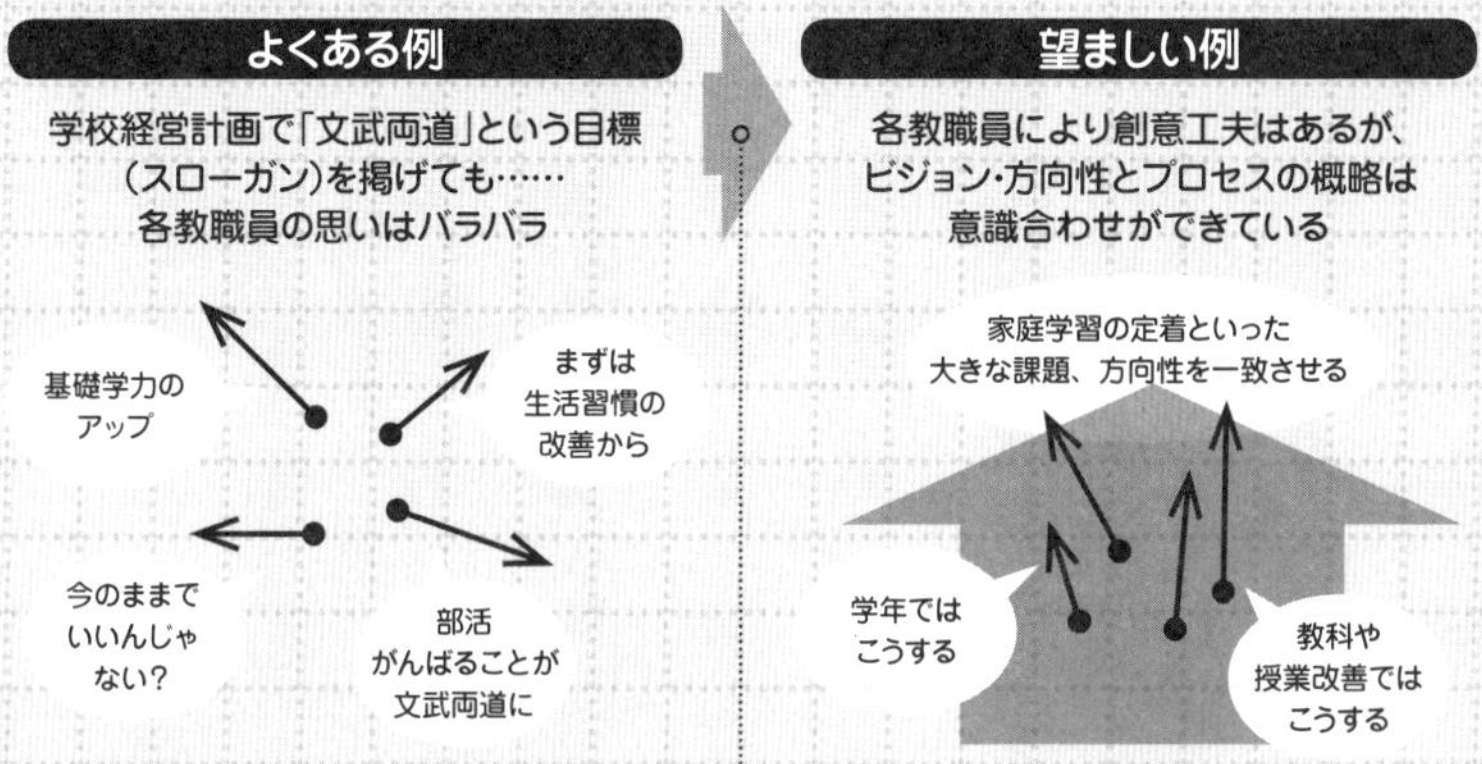
よくある例
学校経営計画で「文武両道」という目標
（スローガン）を掲げても……
各教職員の思いはバラバラ
基礎学力の
アップ
まずは
生活習慣の
改善から
今のままで
いいんじゃ
ない？
部活
がんばることが
文武両道に
望ましい例
各教職員により創意工夫はあるが、
ビジョン・方向性とプロセスの概略は
意識合わせができている
家庭学習の定着といった
大きな課題、方向性を一致させる
学年では
こうする
教科や
授業改善では
こうする

課題共有と戦略（道筋）共有の場をつくることでベクトルをあわせていく

【図表4-3】サッカーでたとえた学校の現状

学校では、各教職員があべこべのゴールをめざして蹴っているのではないか？

図はVector Open Stock、
GATAG｜フリーイラスト素材
集をもとに作成

どうでしょうか？　読者の方が勤務する学校、あるいはお子さんが通う学校や近所の学校のウェブページをチェックしてみてください。同じような抽象的な目標が踊っていることが実に多いと思います。一見もっともらしい目標に見えますが、実は学校の中では教職員の間で、認識している到達目標にかなり大きなズレがあります（多少のズレがあるのはどの組織でも当たり前ですが）。サッカーで言えば、**選手たちがあべこべのゴールを目指して、ボールを蹴り出したらどうでしょうか？**（前ページ図表4-3）話（勝負）になりません。

■なぜ学校ではゴールが見えにくいのか

あべこべのゴールを目指して蹴っているとすれば、なぜそんなことを平気で続けているのでしょうか？　ひとつの理由は、先ほど述べたように、抽象的な美辞麗句で煙に巻いて、なんとなく方向性は一致しているかのように見せかけているからです。そのことに中にいる人（教職員）も外にいる人（教育委員会や保護者、住民）も気付いていないのです。

しかし、もうひとつ本質的な背景があります。学校では、**一つの方向性で一致させて動くことが、実はリスキー**なのです。戦前の反省を見ればそれは明らか。軍国主義の下、お国のために死ぬことも厭わない子たちを育てることに、学校は組織だって、目標を一致させて取り組んできました。つまり、一致した方向性や目標が危ういものである危険性があるのです。

しかし、よく考えてみると、目標をある程度一致させることと、多様性や多様な考え方を尊重することは、必ずしも矛盾するわけではありません。方向性をある程度そろえる、たとえば、文武両道という学校の目標の意味は、詳しく言うとカクカクしかじかであると明確にすることと、「少しそれって違うな」とか、「別のことも大事だな」という考えを排除することはイコールではありません。むしろ、到達目標、ビジョンを明確化すればするほど、「ちょっと違うな」といった意見が出てきやすくなり、組織として多様な意見を反映していきやすい、とも考えられます。

現に、成長している民間企業のビジョンを見てみるとよいでしょう。グローバルに事業展開し、また顧客の様々なニーズに応えていかねばならない企業にとって、人材や考え方の多様性は大事です。たとえば、女性にとって働きやすい職場にすることは、なにもその企業の社会的責任という観点からのみ推進しているのではありません。女性の発想を活かしたサービスを行っていくことや、女性も含めた多様な人材のアイデアの中からヒット商品を生んでいくことを狙っているからです(たとえば、ノンアルコールビールのヒットの背景にも女性の活躍があります)。

同時に、それだけ多様化しているからこそ、会社として大事にしたい価値やビジョンは、しつこいくらい従業員に伝える努力をしているのです。

よく学校の先生や行政の方は、「民間企業は売り上げなどの明確な目標が立てられるからいいですよね。私たちはそれができないんですよ」とおっしゃいます。これは少し当たっている部分もありますが、彼らが知らないのは、そうした**数値目標を立てやすい民間企業でさえ、数値目標以外の**

ビジョンや到達目標を大事にして、繰り返し、繰り返し、従業員と共有しようとしているという事実です。人は、売上目標だけで、モチベーションが高まったり、様々なイノベーティブな取組をしようという気になったり、継続的に粘り強く改善を続けたりするものではありません。数値目標が立てやすい企業以上に、学校など公的な組織は到達目標の共有に注意を払うべきです。

戦前の反省を繰り返さないという強い志向のために、目標を明確にしたり、方向性を一致させたりすることに距離を置く学校。しかし、それでは、各教職員の個人力に頼った成果しか出ませんし、様々な課題を抱える学校において、多忙で少数の教職員の力を分散させて、結局はどの方向性もほんの少ししか進まなかったなんてことになります。校長や教職員と話をしていて、「3年くらいあればできるのに、進むのに」という言葉をたまに聞きますが、そんな悠長なことでは児童・生徒の多くは入れ替わってしまいます。おそらくその方は、3年前も同じようなことを言っていたのではないでしょうか?

学校においても到達目標をある程度明確にし、それをチームで共有し、一丸となって取り組んでみる。そして、それらのプロセスや結果がよかったかどうかは、検証して軌道修正を図るということを、もっと大事にしてよいのではないでしょうか。そのほうが、なんとなく内心みんなバラバラな方向での考え方で進むよりも、よほど、戦前の反省を繰り返さないことにもつながると考えられます。

■授業や学級運営はあなた任せの〝ゴーイング　マイウェイ〟

以上、到達目標について解説しました。次に2番目のプロセス（道筋）です。学校では、到達目標があいまいであることに加えて、このプロセス目標や取組についてもあいまいなことが多々あります。

典型的なまずい例が、**子どもの姿しか目標設定していない**ことです。つまり、思いやりのある子を育てるというように、子どものなってほしい状態は書いていても、じゃあ、学校は何をするのか、教職員はどのようなことに取り組むのかを明記していない学校経営計画が散見されます。これでは、目指す子どもたちの姿という総論では合意していても（実はそれも美辞麗句にとどまり、課題があるケースがほとんどですが）、何を取り組むかという各論はばらばら、あるいは総論賛成・各論反対という状況になりかねません。

また、校長ら管理職とお話をしていて、たまに出てくるのは、「具体的なところは、個々の先生方を信頼していますから」という言葉です。「信頼」！　ああなんて綺麗な、そして便利な言葉でしょう。そうしたマネジメント姿勢が、本人の意図とは裏腹に、結果的には学校内外からの学校への信頼を落とすことになりかねないかもしれないのに……。こういう学校の中には、ＰＤＣＡで言うと、計画や評価の各場面において、授業という本丸は正面から扱わないシートを作っており（なぜなら授業は各教員に任せきりだから）、授業改善や教職員の学び合いが起きていないケースがあります。

子どもを相手にした教育という職にある以上、最前線の現場の教職員が裁量をもつのは当たり前です。問題は、到達目標の共有と主要なプロセスの設計ができている上で、個々の児童・生徒に応じて臨機応変に必要なことや創意工夫できるところは任せるということになっているのか、それとも、はじめからすべて任せきりになってしまっているかです。

■相互不干渉な職場

第3章で学校は組織になりきっていない、チームになっていない、という話をしました。組織マネジメントの三つの要素の三つ目、「チーム・ネットワーク」にそのことが顕著に現れています。チーム・ネットワークとは、教職員が切磋琢磨し学び合う関係性（同僚性）が強いこと、また、内外の人や組織との連携・ネットワークができていることを指します。

まず学校の内部の体制に目を向けて見ると、お互いを「先生」と呼び、一見仲よさそうな職場がほとんどだろうと思います。さすがに、子どもに「喧嘩やいじめはいけません」と言っておきながら、職場のそうしたものを見せるわけにはいきませんから。しかし、職員室はともすれば、表立った喧嘩はしないけれど、無関心で相互不干渉な場となっていることがあります。〝**相互不干渉**〟というのは、私が教職員の方とお話すると、「まさにそれ」という反応をいただくキーワードのひとつです。

相互不干渉の職場風土を示す証拠のひとつが、会議の内容（質）や意見交換の場の有無です。教職員の方からは「報告だけの会議が多い」「ディスカッションするような会議は少ないし、時間も足りない」といった声は度々聞きます。

学校の本丸の授業についてはどうでしょうか？　日本では、お互いの授業を見て助言等を行う授業研修（研究）の伝統があります。この点はＯＥＣＤの調査などでも、日本の強みとして評価されていますし、１９９９年頃以降、〝lesson study〟としてアメリカをはじめ各国が日本から学び、採り入れています。[2] しかし、日本の場合、授業研修は多くは教員一人あたり年間１回もありません。[3] つまり、普段の授業や子どもの様子を見て、フィードバックし合うような研修とはなっていません。また、授業研修では準備も検討の場も、指導案と板書と発問に多くのエネルギーを割き、どこがよかった、悪かったと批評するにとどまっているケースも多く、教員がお互いに学び合うという場には十分なっていない、との指摘もあります。[4]

授業や学校運営でのチームワークについて、たとえば、中学校では次のような報告もあります。[5]

> お互いの教科に関しては不干渉であり、それを超えることはタブー視されている。口出しすると、教科の特性だからと逃げられたり、専門的な話でかわされたりすることがある。……（中略）……少なくとも教科担当内で共通に考えられるのかというと、「それぞれのやり方があるから」と、壁がつくられることもしばしばである。

……（中略）……それぞれの教職員が何らかの校務分掌を担っている。……（中略）……ところが、それ（引用者注：個々の教職員の役割）を全体に説明するだけで、あとは個々にまかせてしまい、かかわらないのが現状である。やっていない者に催促はしない、やったかどうか、成果はどうかも聞かないなど、**極度の相互不干渉がある**。

ここで少し用語の説明をしておきます。校務分掌というのは、学校運営に関わる事務等を分担して進めるチームを指し、生活指導（生徒指導）、進路指導、教務、総務、保健などはどこの学校にもあります。[6] この校務分掌のいずれかと、学年や教科という単位で、教職員は通常2～3のチームに入っています。いきなり学校全体のことを考えたり、実践したりするのは簡単ではないので、この分掌や学年などのチームがどのくらい機能するかにも注目したいと考えます。

■作業分担はしても、目標分担はない

このように校務分掌や学年というチームはあるのですが、それが本来の意味でのチームワークを発揮していないという学校がかなりあります。というのは、**分掌や学年では作業の分担はしていますが、目標の共有と分担は大変弱い**ためです。現に、学校全体の目標に関する計画をつくっていても、分掌や学年ごとの目標は計画されていない学校、あるいは計画されていても、やることを羅列したto doリストに過ぎず、学校全体の計画や他の関連する取組との関係があいまいである学校を

私は多く見てきました。

たとえば、学校全体で不登校やその兆しのある子の状況を的確に把握するという到達目標が定められているとしましょう。生活指導部ではあいさつ運動を通じて生徒の様子の変化を観察し、気付いたことを学年や学級担任とどう共有するか計画します。また各学年では、不登校ぎみの生徒すべてに対して「2人担当体制での家庭訪問を半年のうちに実施する」等を計画します。

こうした目標の連鎖や分担、また共有ということなしに、「生徒指導部では毎年5月にはあいさつ運動をやることになっている」とか、「不登校の生徒に対しては担任が状況を見ながらフォローすることにしている」というように手段の羅列、あるいは個々の作業分担だけが幅をきかせていることが多いのです。重要なのは、**取組の意味や背景、到達したいことをあいまいにしない**ことです。

■自前主義

次に、「③チーム・ネットワーク」のネットワークについて見ましょう。第2章で紹介した学校改革の事例では、**外部とのネットワーク、連携がひとつの突破口**となっていました。岡山市立岡輝《こうき》中学校では、学校丸抱えの生徒指導から、地域で子どもを見る・育むということを重視するようになりました。地域住民の目が授業や放課後に向くことで、生徒たちの落ち着きが高まりました。土佐町立土佐小・中学校は、地域コミュニティを強くする場として、学校がプラットフォーム・拠点となっている例です。また、過疎化が進み、子ども同士の関係性が特定の仲良し関係に偏りがちな

【図表4-4】学校における資源（リソース）

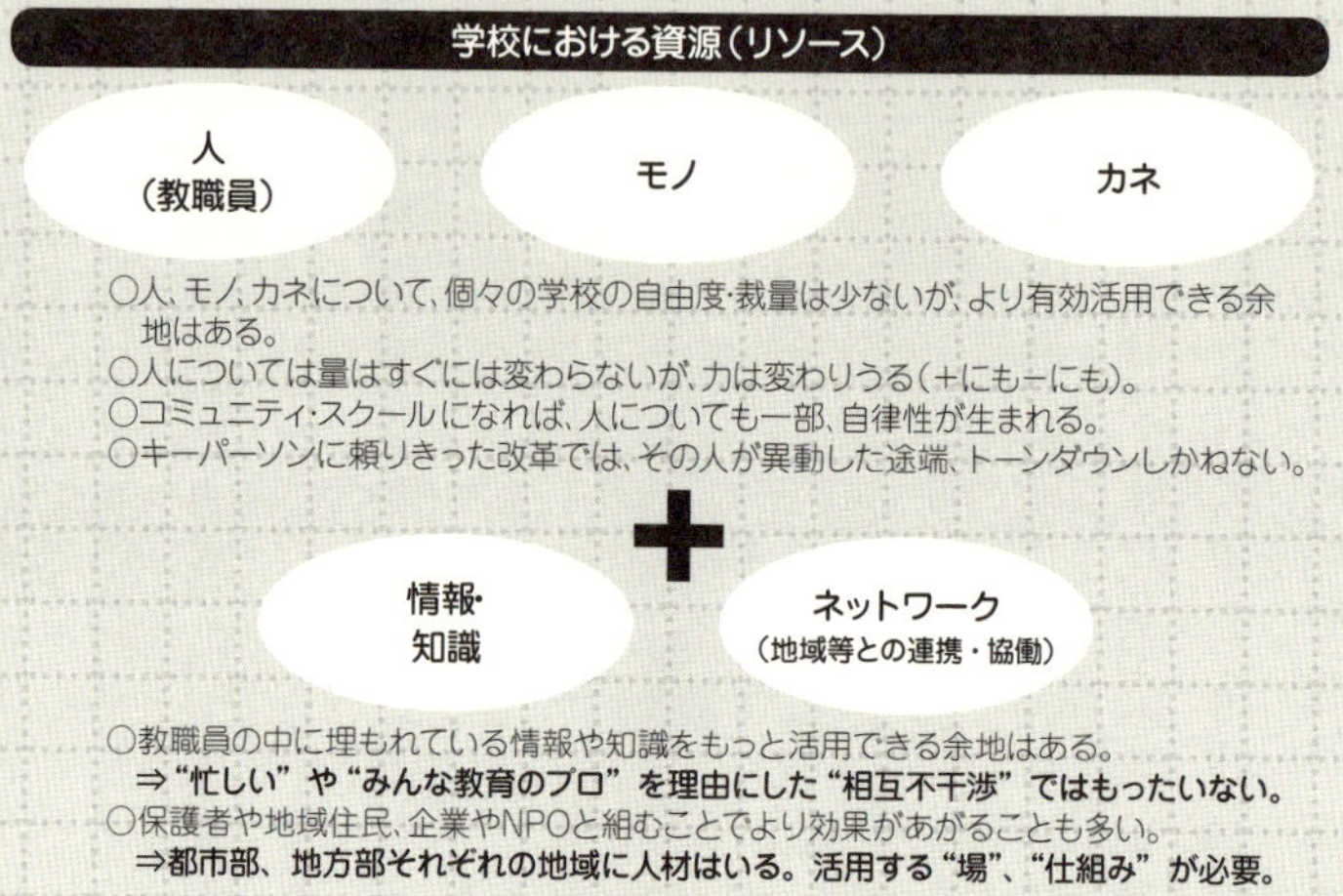
学校における資源（リソース）
人
（教職員）
モノ
カネ
○人、モノ、カネについて、個々の学校の自由度・裁量は少ないが、より有効活用できる余地はある。
○人については量はすぐには変わらないが、力は変わりうる（＋にも－にも）。
○コミュニティ・スクールになれば、人についても一部、自律性が生まれる。
○キーパーソンに頼りきった改革では、その人が異動した途端、トーンダウンしかねない。
情報・
知識
ネットワーク
（地域等との連携・協働）
○教職員の中に埋もれている情報や知識をもっと活用できる余地はある。
⇒“忙しい”や“みんな教育のプロ”を理由にした“相互不干渉”ではもったいない。
○保護者や地域住民、企業やNPOと組むことでより効果があがることも多い。
⇒都市部、地方部それぞれの地域に人材はいる。活用する“場”、“仕組み”が必要。

中、地域の協力により様々な人間関係と経験する場が用意されるようになりました。

また、東京都立秋留台高校では、発達障がいの生徒や教職員での就職指導では就職させるのが難しかった子に対して医療機関や就労支援のＮＰＯが協力することで、進路未定のままやニートとなるのを防止しようとしています。

このように、とりわけ**地域との関係性が強い公立学校では、ネットワークが大きな資源（リソース）になりうる**のです（図表４－４）。地方であれば、地域コミュニティの結びつきが以前よりは弱くなっていると言われながらも残っており、比較的コーディネートの手間が少なく、協力する人材を見つけ、誘うことができます。都市部や新興住宅地であれば、地域の中の結びつきは弱いのですが、ＩＴ技術や広報・ＰＲなど専門性をもった人材が多く、いったん協力を取り付けると、学校が苦手なところで大きな力となるケースが多々あります。

また、教育委員会と首長部局という壁はあるかもしれませんが、同じ地方自治体の中ですから、学校と生涯教育部門や福祉部門が連携することも、進められる余地は十分にあります。

残念ながら、このようにネットワーク先が身近にあることの大きさと、連携・協働の効果に気づいている教職員（とりわけ管理職）は多いとは言えません。むしろ、外部とのつながりは煩わしいもの、教職員の手間を増やすものとのみ捉えている人もいるくらいです。

■データから見る三つの視点の欠落

①到達目標の共有、②プロセスの設計、③チーム・ネットワークづくりについて、あなたの学校ではいかがでしょうか、どれだけできていますか？

ここでは少し、データからも確認しておきましょう。学校評価という取組を使って学校運営の改善等を行っている学校が、6〜8割かそれより低い割合しかないという話をしました（第3章）。では、学校運営や教育活動の改善を進めている学校（A群）と、そうした手ごたえ、成果実感のない学校（B群）の違いはどこにあるのでしょうか。

学校の組織マネジメントにかかわる取組について聞いたところ、A群とB群では明らかに取り組んでいる割合が異なっています。（次ページ図表4-5）

たとえば、到達目標という観点で見ると、「学校の目標を重点化している」ことを大いに実践で

【図表4-5】学校の組織運営・教育活動の改善に関する成果実感別学校評価の取組状況

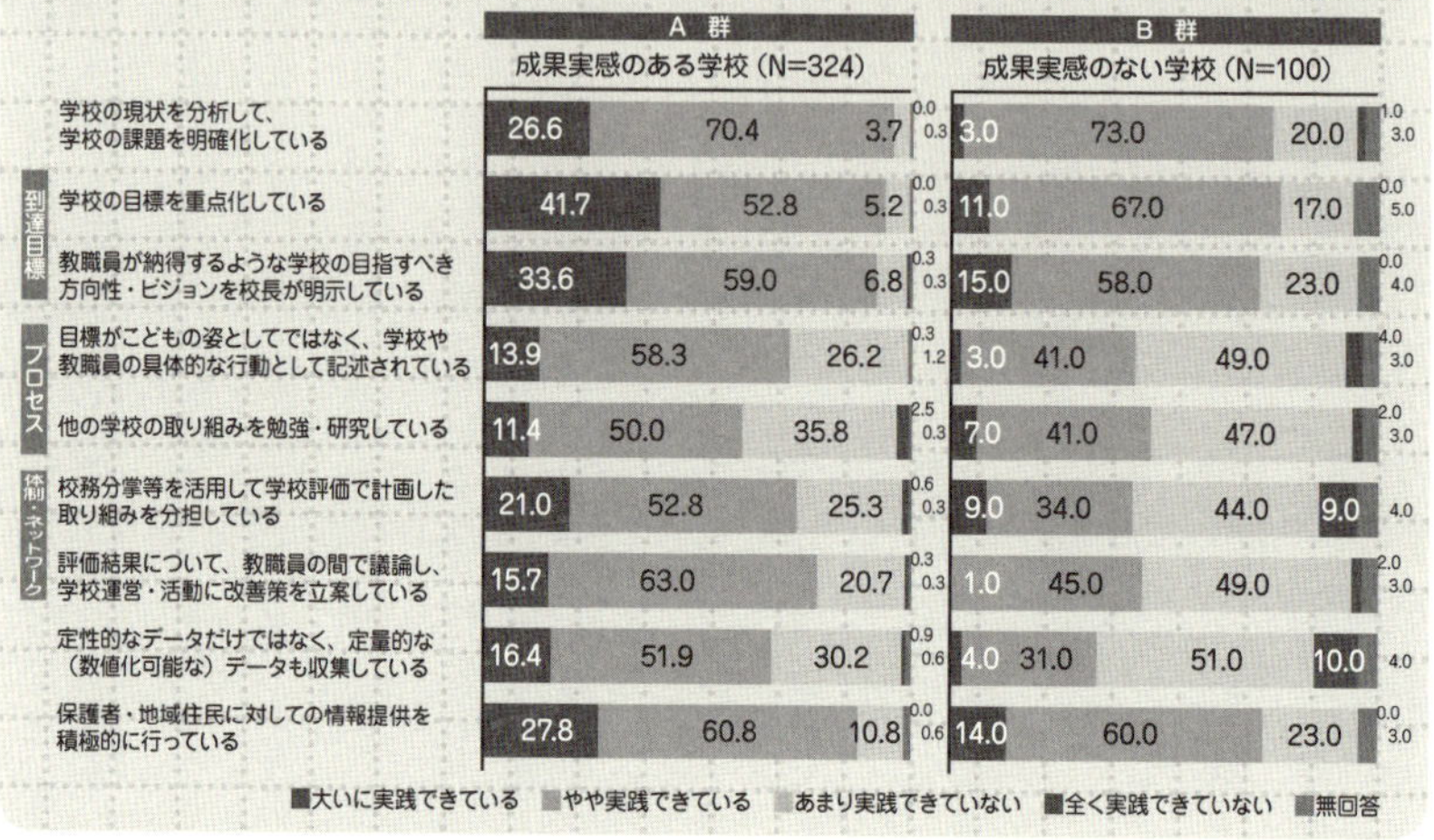

出所）2009年度文部科学省学校評価推進協議会での野村総合研究所アンケート

きている学校は、A群では約4割であるのに対して、B群では1割しかありません。また、「教職員が納得するような方向性やビジョンを校長が明示している」について大いに実践できている学校は、A群では3割強ですが、B群では15％にとどまっています。

次に、プロセスという観点で見ると、「目標が教職員の具体的な行動として記述されている」ことに大いに実践できている、やや実践できている学校は、A群では約7割であるのに対して、B群では半数に満たない状況です。

チーム・ネットワークについても、「校務分掌等を活用して取り組みを分担している」や、「評価結果について、教職員の間で議論し、改善策を立案している」ことをあまり実践できていない学校は、A群では2割程度であるのに対して、B群では4～5割に上ります。

このように、学校運営や教育活動の改善を進めているA群の学校であっても、不徹底な取組であるところも一部にあるものの、三つの視点いずれについても、成果実感をもてていないB群よりもよく取り組んでいる傾向が見て取れます。また、B群では、ほとんどの項目で「大いに実践できている」という学校は少なく、「実践できていない」という回答も多い（項目によっては半数以上）ことがわかりました。つまり、学校の組織マネジメントを通じて、成果が上がっているところと、上がっていないところを分けるものは、①到達目標、②プロセス、③チーム・ネットワークの3点から診断するとよいと言えそうですし、これらがなおざりになっている学校では、マネジメントサイクル構築に向けた努力はなかなか成果につながっていないと言えます。

■個業化の背景、〝授業第一主義〟

①到達目標、②プロセス、③チーム・ネットワークが重要なことは、登山やサッカーの例を挙げるまでもなく、言われてみれば、ごくごく当たり前のことです。そして、学校の先生ならば誰もが、この3点はよい授業をする上でも大事であることを知っています。

①到達目標とは、個々の授業で言えば、その1単元や1コマのめあてが該当します。たとえば、「今日は小数点の概念について子どもたちによく理解してもらう」などです。このめあてでは、どこまで到達したいか、いつまでに到達する必要があるかの2点とも明確になっています。

②プロセスとは、授業で言えば指導案のことです。ちゃんと準備する先生であれば、そのめあて

到達のために、どのような組み立て、流れで授業を進めるか、予めシナリオのような計画を指導案として作成します。

③チーム・ネットワークは、授業であればチーム・ティーチングを行ったり、ボランティアのサポートを得たり、地域のゲストスピーカーを呼んで地元の歴史や最先端の科学を学ぶ授業を行ったりすることが該当します。

このように、**個々の授業や学級運営では、多くの教職員が①到達目標、②プロセス、③チーム・ネットワークを強く意識して準備しています**。しかし、これが**学校経営や学校全体や校務分掌、学年集団というチーム単位となると、たちまち弱くなってしまう**学校が多いのです。

なぜそうなるのでしょうか？　ひとつは、前述のとおり戦前の反省から、敢えてあいまいにしようとしてきたことがあります。しかし、原因はこれだけではなさそうです。

大きな背景のひとつに、〝**授業第一主義**〟とも言うべき、授業や学級単位を最重要視する組織風土（文化）があります。もちろん授業をよりよくすることは大事であり、学校全体や他の分掌との関係よりも日々の授業に注目してしまう気持ちも自然なことです。しかし、個人力を磨くのはもちろん大事だけれども、同時に組織力、チーム力を高めることを後回しにしてはいないでしょうか？

〝仕事は重要度と緊急度によって優先順位付けしなさい〟ということがよく言われます。ほとんどの教員にとって、授業の準備や実施は重要度も緊急度も高いものとして認識されていることだと思います。重要度も緊急度も高いことが大事なのは言うまでもありませんが、注意したいのは、重

【図表4-6】学校における業務の重要度と緊急度

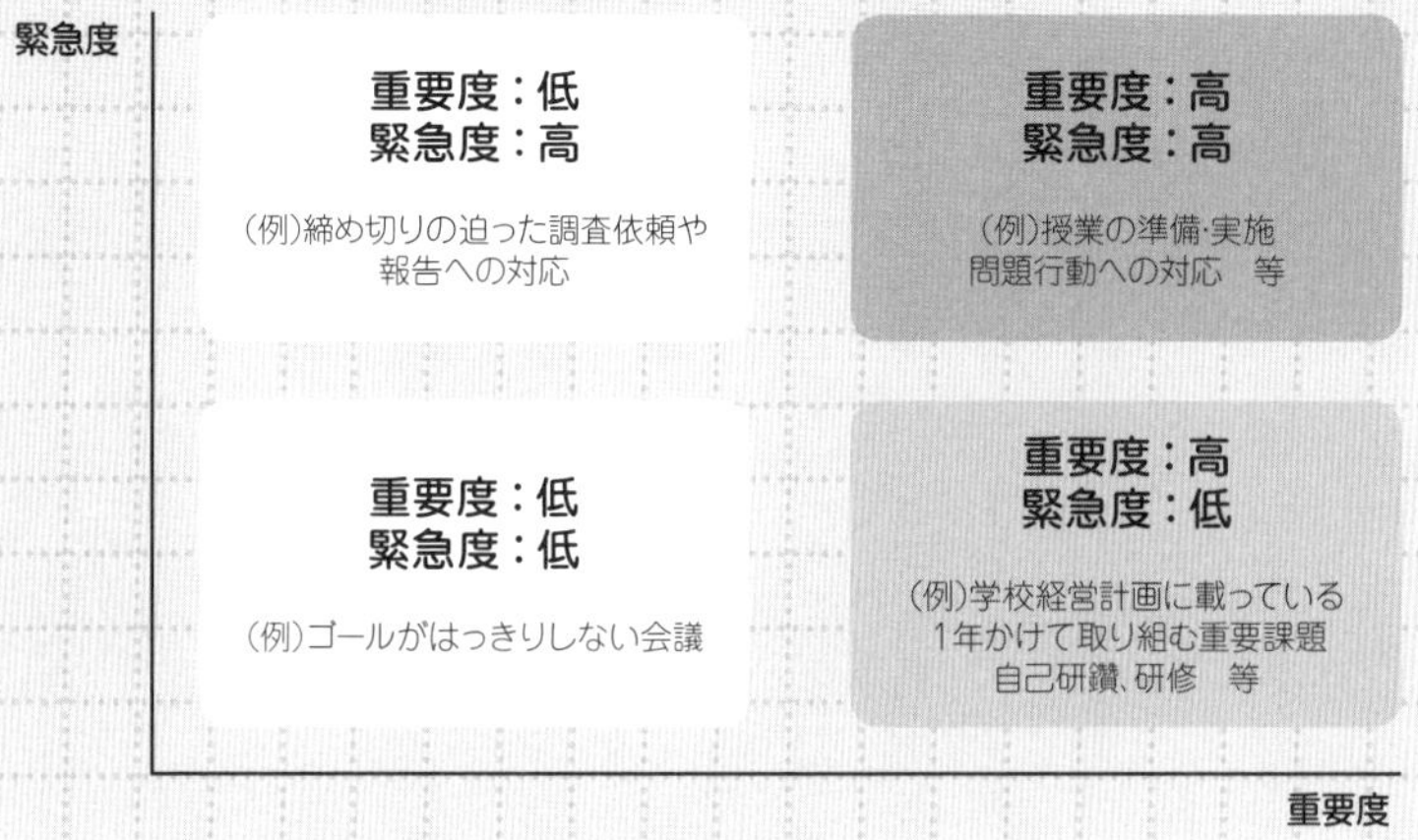

要度は高いが緊急度はそれほどでもないことがどんどん先送りにされ、あまり進捗しない状態になってしまうことです。学校経営計画を立ててその内容を共有して、組織立って取り組むといったようなことは、この「重要度は高いが緊急度は低い」カテゴリーに入るケースが多いでしょう（図表4-6）。**〝授業第一主義〟は、「重要度は高いが緊急度は低い」ことの優先順位を低く見積もり過ぎる**ことにつながりかねません。

〝授業第一主義〟は、小学校では学級担任制であるため、学級運営をまずはがんばろう、つまり（となりのクラスは知らないが）うちのクラスでは問題は起こさせないようにしようというマインドとなって増幅します。一方、中学校、高校では教科担当であるため、プロとしての思いが、授業をよくすることや授業の準備には向かいやすいのですが、分掌や学校全体という視点に広がりにくく、〝授業第一主義〟は個々の教員の教科ごとに強化されやすいのです。

繰り返しになりますが、授業を大事にする思いを私は否定しているのではありません。個々の教員の力で授業さえよくしていけばよい、それがまずは第一だという考え方は、組織力やチーム力の阻害となりかねないことに注意を向けたいと思います。

■〝先生もつらいよ〟とは言えない

もうひとつの背景は、学校の先生は弱みを見せづらい職業であるということがあります。どんな新人でも、あるいは新しい指導方法や領域に不慣れな教員であっても、一度教壇に立つや、プロとして子どもや保護者に弱みを見せるわけにはいきません。たとえば、理科全般の内容の指導に対して「苦手」「やや苦手」という小学校教員は、教職経験「10年未満」の人（N＝702）で約半数、教職経験10年以上の人（N＝1，434）で約4割います。[7] しかし、「私は理科にはあまり自信がありませんから、自分たちでしっかり勉強してくださいね」と児童や保護者の前で言えるわけがありません。

企業では、新人や入社数年の者には先輩が付いて改善点などを教えるのが普通です。学校は、「各教員は十分に一人前である。どの先生に当たっても十分な質の教育は提供できる」というフィクションの上に成り立っています（ちょっと難しく言えば、教育の質の保証）。

もちろん、企業であっても、顧客の前でわざわざ苦手意識を出すことなんてほとんどないことだと思います。しかし、学校の場合は、ウチ（同僚や管理職）に対してでさえ、弱みを見せづらい、共有しづらい組織であるという点で、人材育成に熱心な企業と異なります。

〝どうして、わざわざ、弱みを共有しないといけないのか？〟と思われる読者もいると思います。それは、**お互いの強み、弱み（得意、不得意と言ってもよいし、好き・嫌いと重なることもある）を認識しておかないと、なにに協力したらよいかがわからない**からです。たとえば、あの先生はパソコンが苦手だと知っていれば、パソコン仕事のときや新しいソフトに変わったときに、その先生をサポートしようと思う同僚はかなりいるはずです。苦手なことを知らないとそうはなりません。ちなみに、弱みを共有しているか否かは、学校のウチにも大いに言えますが、ソトとの関係（家庭や地域との連携）を考える上でも重要となります。

まとめると、学校というところは、

①戦前の反省から、ある一定の方向性で目標を共有化して、組織だって進めるのに距離を置いてきた。

②教員は各々が受け持つ学級や教科をよくしよう、それも自分の力で何とかしようというマインドは強いが、それを重要視するあまり、学校全体や校務分掌といったチームでの取組の優先度を落としてしまう。（〝授業第一主義〟の弊害）

③教員は弱みや苦手を職場内外に見せづらい職業であるため、相互不干渉な職場となりやすく、

チームで取り組む機運が上がりにくい。

という特色があります。つまり、学校は**一般的な企業や行政以上に、放っておくと、組織マネジメントやチームワークが進みにくい組織風土（文化）**をもっています。民間や行政での優れた管理職経験者だからといって、必ずしも学校のマネジメントがうまくいくわけではない背景には、子どもを相手にしているという学校の特性に加えて、こうした組織風土上の難しさがあるためです。したがって、管理職等はもっと組織マネジメントを意識していかねばならないし、もっと力強く働きかけていく必要があります。ところが、どのような考え方でそれを進めるのか、また、どうやって進めるのかについて、教職員はほとんど知らないし、トレーニングを受けていない、というのが現実です。

■組織マネジメントがうまくいかない典型例

ここまでの解説を整理します。次ページ図表4-7は、今までお話した三つの視点に分けて、学校の組織マネジメントが機能している例と停滞している例を比較したものです。

私が講演や研修でこの図を説明すると、**停滞例のほうに注目と共感が集まります**。「まさにうちの学校がこの状態だ」とおっしゃる方が多くいます。

本章のタイトルは「学校改革の成功と失敗」としましたが、両者はどこで道が分かれてしまったのでしょうか？　学校づくりや学校改革がうまくいかない背景には、①到達目標の共有不足、②プ

【図表4-7】学校の組織マネジメントの機能例と停滞例

（機能している例）

①到達目標の共有

●学校の目指す中期的なビジョンを教職員が共感し、日々の活動のなかで意識している。
●中期ビジョンを受けて１年単位の成果目標が具体的かつ重点化されている。

②プロセスの設計

●成果目標を達成するための取組が具体化かつ重点化されている。
●小さな成功体験や試行錯誤での仮説検証を繰り返し、少しずつ自信をつけながら、取組を改善している。

③チーム・ネットワークづくり

●特定の個人への依存ではなく、チームワークよく取り組んでいる。
●教職員が議論し知恵を結集する中、納得度の高い結論を導いている。
●地域や外部との連携・協力が密に行われている。

（停滞している例）

①到達目標の共有不足

●目標が抽象的で不明確。
●重点化せず多方面に力を割こうとして、結局は多くのことが進まない。
●目標を立てても、教職員は本気でやろうという気持ちになっていない。

②プロセスの設計不足

●児童生徒の姿は書いてあるが、学校の取組はあいまいなまま。
●肝心なところを個々の教職員に任せきりとなっている。
●日常的な活動と結びついておらず、評価のための評価となっている。

③チーム・ネットワークの構築不足

●キーパーソンや学校だけが頑張っている。その人が異動すると取組が後退してしまう。
●教職員が相互不干渉になっている。
●アンケート結果や統計を学校は受け取るだけとなっている。

ロセスの設計不足、③チーム・ネットワークの構築不足のいずれか（またはそれらの二つか三つとも）に悩んでいるのではないでしょうか。

次々章からは、これらの三つの要素について、具体的な実践事例を交えながら、どのようにして進めていくかについて見ていきたいと思いますが、その前に次章では、これら3点を進める上で、共通の重要な阻害要因である教職員の「多忙化」について分析したいと思います。

(1) リチャード・P・ルメルト（2012）（村井章子訳）『良い戦略、悪い戦略』日本経済新聞出版社、p.56。
(2) 佐藤学（2015）『専門家として教師を育てる―教師教育改革のグランドデザイン』岩波書店、p.109～111。
(3) 教員一人あたりの授業研究年間開催数は1回以下が小学校87・4％、中学校91・6％、高校（公立）94・2％、高校（私立）85・7％との調査があります（国立教育政策研究所『教員の質の向上に関する調査研究報告書』2011年）。
(4) 佐藤学（2015）『専門家として教師を育てる―教師教育改革のグランドデザイン』、p.123～126。
(5) 木岡一明編（2006）『学校の〝組織マネジメント能力〟の向上』、根布屋由規担当箇所、教育開発研究所、p.22。
(6) なかでも教務は一般の人にはわかりづらいと思いますが、教育関係の事務をしきっていて、時間割の編成（これがすごく大変らしいです）、教科書採択（検定に受かった教科書は複数あるので、どれを学校で使うか）、授業改善の取組、（高校の場合は）入試事務等を含み、教務主任（教務というチームのリーダー）は本当に忙しいようです。
(7) 科学技術振興機構（2012）『平成22年度小学校理科教育実態調査報告書』、p.226。

第5章

「多忙化」から日本の教育が見える

“普段の仕事でどの程度身体が疲れますか”
との質問に対して、“とても疲れる”と
回答した教職員は44・9%
―小中学校教員への調査結果―

長時間労働のもたらしている
最大の弊害とは、
能力開発の機会喪失である。
―玄田有史（経済学者）―

■日本の教職員は何に時間を使っているのか

いまの学校現場の大きな問題である多忙化について考えます。というのは、私がさまざまな学校へ具体的な対策や改善策を提案してきた中で、現場の教職員から聞かれたのは「もっと忙しくなければ……」という言葉だったからです。

本書では、労働時間などの「多忙」という客観的な状態で観察できるものと、個々の教職員が感じる「多忙感」という主観的なものに分けて考えてみたいと思います。[1]

まず、「多忙」について見てみましょう。2014年6月にOECD国際教員指導環境調査（TALIS）が公表されました。日本の教員（中学校）は週平均53・9時間労働、参加国平均38・3時間を大きく上回って、ダントツ1位であったことが大きく報道されました。

日本の学校や教員にはどのような特徴があるのでしょうか。PISA（15歳の学力を測る国際的な調査）の数学的リテラシーのスコアの順位順に並び換え、高学力なライバル国との比較で分析します（図表5-1）。教員の時間の使い方については、次のことが見えてきます。

○シンガポール、韓国、日本というアジアの学力上位国では、「授業の計画や準備」に比較的時間を使っている。一方、オランダ、エストニア、フィンランド、ポーランドというヨーロッパの上位国では、「授業の計画や準備」の時間は比較的少ない。

【図表5-1】OECD国際教員指導環境調査における教員の仕事時間、1人当たり生徒数、PISAスコア

国名	仕事時間の合計	指導（授業）	授業の計画や準備	学校内での同僚との共同作業や話し合い	生徒の課題の採点や添削	生徒に対する教育相談	学校運営業務	一般的事務業務	保護者との連絡や連携	課外活動の指導	その他の業務	教員1人当たりの生徒数	PISA 2012（数学的リテラシー順位）
シンガポール	47.6	17.1	8.4	3.6	8.7	2.6	1.9	5.3	1.6	3.4	2.7	14.0	2
韓国	37.0	18.8	7.7	3.2	3.9	4.1	2.2	6.0	2.1	2.7	2.6	15.5	5
日本	53.9	17.7	8.7	3.9	4.6	2.7	3.0	5.5	1.3	7.7	2.9	20.3	7
オランダ	35.6	16.9	5.1	3.1	4.2	2.1	1.3	2.2	1.3	1.3	2.5	11.4	10
エストニア	36.1	20.9	6.9	1.9	4.3	2.1	0.8	2.3	1.3	1.9	1.5	7.7	11
フィンランド	31.6	20.6	4.8	1.9	3.1	1.0	0.4	1.3	1.2	0.6	1.0	10.0	12
ポーランド	36.8	18.6	5.5	2.2	4.6	2.1	0.9	2.5	1.3	2.4	1.9	7.9	14
オーストラリア	42.7	18.6	7.1	3.5	5.1	2.3	3.1	4.3	1.3	2.3	2.2	12.3	19
デンマーク	40.0	18.9	7.9	3.3	3.5	1.5	0.9	2.0	1.8	0.9	2.3	12.1	22
29ケ国平均	38.3	19.3	7.1	2.9	4.9	2.2	1.6	2.9	1.6	2.1	2.0	12.4	

注）「仕事時間の合計」～「その他の業務」の単位は１週間のうちの時間。

出所）TALIS2013、PISA2012をもとに作成

○シンガポールでは、「生徒の課題の採点や添削」への時間が他の上位国と比べても、相当長い。

○外国と比べると日本の教員が「一般事務」（典型的なのは書類作成）に時間をとられているのは確かだが、アジア上位国もこの時間はかなり長い。一方、ヨーロッパ上位国はこの時間が少なく、教員のやる仕事と事務職員やスタッフ職の仕事を分業していることがうかがえる。

○「課外活動の指導」については、アジア上位国もヨーロッパ上位国も、日本ほどは時間を使っていない。課外活動を教員が担うことについては、日本の独自の文化なり慣習、伝統である可能性が高いと言える。

○同じＴＡＬＩＳの調査で測っている教員１人当たりの生徒数も参照すると、アジア上位国

はヨーロッパ上位国と比べるとこの値が多いが、中でも日本は多い。

以上のことから示唆されることを整理します。日本はシンガポールや韓国と時間の使い方の傾向は似ていますが、これらの国よりも、教員1人あたりではさらに多くの生徒を抱えており、それとの兼ね合いで考えると、**授業準備や生徒の課題の採点や添削には、必ずしも多くの時間を使っているると言えるわけではありません**。

また、調査では日本の教員がTALIS調査国と比べても、仕事への満足度や自己効力感（後述します）が低いことがわかりました。ここから推察すると、日本の教員は、もっと授業の準備や課題の採点などのきめ細かな教育に時間を割きたいと思っているのかもしれません。

一方、オランダ、フィンランド等のヨーロッパの高学力な国では、教員1人あたりの生徒数は少ないし、また、一般事務にもそう時間をとられることはないので、比較的〝ゆとり〟のある職場と言えそうです。[2]

そして、日本の教員について客観的に測定できる多忙の状況、ゆとりのなさは、もっと授業の準備や課題の採点などのきめ細かな教育に時間を割きたいという思いになり、それが本来やりたいことが十分にできていないフラストレーションにつながり、多忙感に至っている可能性があります。

■意味づけされることで、やらされ感、負担感は全く異なる

次に「多忙感」についてです。２００９年に栃木県教育委員会が行ったアンケート(3)（対象は、公立小・中学校・高等学校・特別支援学校より抽出した教諭、回答数９０７）によると、「忙しくても負担を感じないときはどんなときか」に対して、回答者の63・7％が「やりがいを感じるとき」、47・7％が「児童生徒のためになると思えるとき」と回答しています。栃木県に限らず「児童・生徒のためになることだったら、少々忙しくなっても苦にならない。」という言葉は、私が多くの学校の教員へヒアリングする中でも度々聞くことです。

ここからわかるのは、学校や教職員の取組が児童・生徒にどのように関係してくるのかという意味付けが、教職員のモチベーションやストレス・コントロールの点では重要となってくるという点です。ビジョン、到達目標の共有においても、それらがどのように子どもたちの成長につながるかに対しての納得感が得られなければ、教職員の多くは推進しようという気になりません。

とはいえ、**〝子どものためだから〟という美しく、崇高な理由のために、教職員の多忙化が加速している可能性も高い**と言えましょう。たとえば、休日の部活動の指導などはこの典型例です。子どものためと言っていけば、さまざまなことが教職員の業務負担として手離れしません。

■「多忙化」と「多忙感の増幅」は何に影響するか

では、「多忙化」と「多忙感の増幅」が進むと、どのような影響があるのでしょうか。

第一に、授業準備や自己研鑽への影響です。前述の栃木県調査によると、教材研究や授業準備に必要な時間をとれていないという教諭は、小学校の7割強、中学校の6割強、高校の約5割に上ります。東京大学の玄田有史氏は『働く過剰』という本の中で、「データから垣間見られる**長時間労働のもたらしている最大の弊害とは、能力開発の機会喪失である**」と指摘しています。[4] これは一般の企業について分析したものですが、これまで紹介してきた各種データからは、学校においても、多忙化により、ゆとりを失う教職員が教材開発や授業準備などを含め能力開発の機会と時間を失っていることが示唆されます。また、第2章で述べたように、多忙化と多忙感の増幅は「学ばない教職員集団、学習しない学校」を悪化させてしまう可能性もあります。

■半数近くがとても疲れている職場

「多忙化」と「多忙感の増幅」の結果として、第二に、教職員の疲労への影響です。全国7都道県の公立の小中学校の教員約1、600人を対象に調査した結果[5]によると、「普段の仕事でどの程度身体が疲れますか」との質問に対して、「とても疲れる」と回答した教職員は44・9%に及んでいます。企業を対象とした「労働者健康状況調査」（厚生労働省、2002年。母集団約16、000名に対する標本調査）での同質問結果では14・1%であり、「とても疲れる」と答える教員はこの3倍以上と言えます。この問題は精神疾患等にもつながりかねません。

第三に、職場の協力関係、協働関係への悪影響です。つまり、自分がとても忙しいと、他人を手伝う時間的、精神的余裕を失うものです。また、忙しさや業務量に個人差が大きい場合、不公平感が募り、職場がギスギスしてくることも考えられます。

【図表5-2】「多忙化」と「多忙感の増幅」の影響、悪循環

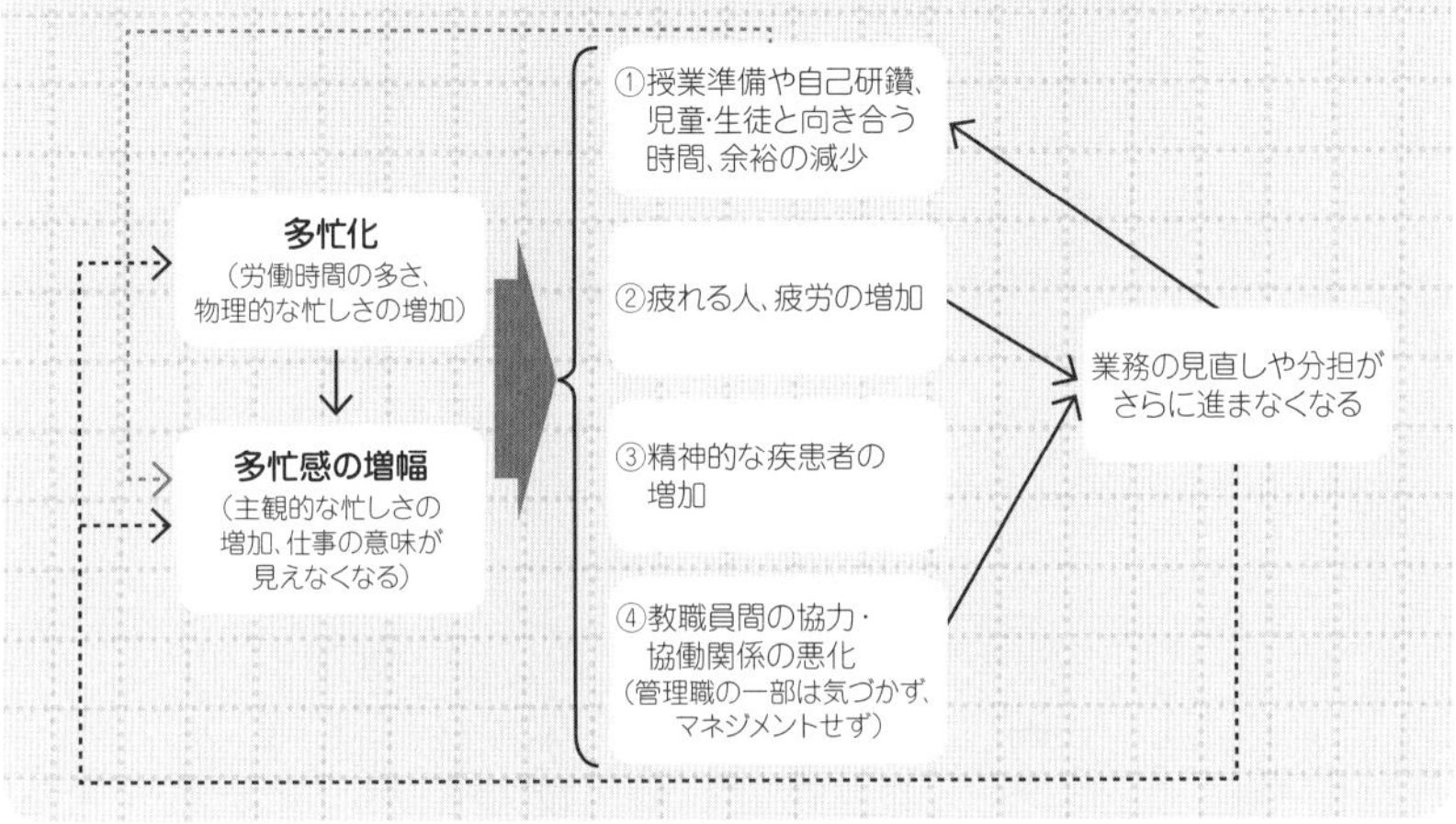

注）矢印の色や種類の違いは、見やすくするためのものであり、強弱等を意味するものではない。

■多忙化に拍車をかける悪循環

学校に「多忙化」と「多忙感の増幅」が進むことの影響がやっかいなのは、悪循環に陥って、さらに「多忙化」と「多忙感の増幅」が進み、そこから抜け出しにくくなるという構造にあるという点です。（図表5-2）

では、なぜ日本の教員は外国と比べて多忙で、かつ多忙に感じているのでしょうか。3点指摘したいと思います。

第一に、**日本では教職員が少ない**（教員1人あたりの児童・生徒数が多い）という事実があります（TALIS調査）。

第二に、**日本の教員は、多種で大量の業務、仕事を抱えている**という実態があります。これもTALISの調査から明らかです。なぜそうなっているのでしょうか？　ひとつは、第一の背景で述べた点と関連していて、教員が少ないからというのもあります。しかし、同時に**「保護者や社会が学校に多くのこと、高度なことを期待する」**ために、教員は多くの業務を抱え込まざるを得ない現実もうかがえます。次の指摘(6)はいたって常識的な見方だと思います。

いまでも、一人の教員が教科を上手に教え、生活指導とすべての児童生徒に関わる事務手続きをし、防犯や防災に気をつけながら、一人一人のアレルギーをチェックし、AED（心肺蘇生用の医療機器）を使えるようにし、環境教育や情報教育に慣れ、福祉ボランティア教育と国際理解教育を教え、さらに食育にも消費者教育にも気を配り、尖閣諸島や北方領土への意識を盛りたてて日本人として誇りを持たせ、おまけにスポーツ指導や部活を担当しながら、要望が強くなりがちな保護者の声に応える………なんて、一人の人間のやることとして明らかに無理があります。

第三に、**学校は業務を増やすのは得意な一方で、減らすのは得意ではありません**。従来からなされてきたことをやめるという検討や決断をするのは珍しい、という声を教職員からはよく聞きます。なぜ学校では前例踏襲となりやすいのでしょうか。

私も霞が関官僚をやってみて実感したことですが、前例が参照され、重視されるのは、それが安全な道だからです。先人がある程度検討し、かつやってみて大きな問題は起きなかったものは、そこから学習して今回もそうしようと考えるのは、合理的かつ効率的です。とりわけ、教職員のように子どもの人生を大きく左右しかねない立場であれば、なおのこと、安全な道を選びたくなります。

しかし、だからといって、前例があるという理由で思考停止してしまうことには注意が必要です。よく「学校の常識は世間の非常識」などと揶揄されることもありますが、外国との比較を見ても、日本の学校で当たり前なことは、本当にその必要はあるのか、別の手段はないかなどを疑ってみる余地はあります。たとえば、部活動を地域やスポーツ企業の協力を得て、質を向上させつつ、教員の負担を減らしていった和田中の事例（第7章でも取り上げます）などは、当たり前のことや前例を見直した好事例のひとつと言えます。

課題を明確にして到達目標を共有した上で、重要となる取組・プロセスをチームで行うという組織マネジメントの基本ができたからといって、多忙化の問題がすべてきれいに解消されるほど、事は単純ではありません。しかし、これまで見たように、多忙化の背景と影響を踏まえると、組織マネジメントができていない状態では、多忙化と多忙感の増幅はもっと悪循環になってしまうでしょう。

(1) 青木栄一・神林寿幸（２０１３）「２００６年度文部科学省『教員勤務実態調査』以後における教員の労働時間の変容」「東北大学大学院教育学研究科研究年報」第62集第1号。

(2) フィンランドでは次のような報告もあります（福田誠治（２００９）『フィンランドは教師の育て方がすごい』亜紀書房）。教員の夏休みが約70日あり、そのうち3日だけが研修ということになっている。この長期の休みには、教師は有料の「自己啓発セミナー」や海外の成人学校、語学学校などに出かけ、自己研修を行う。というより、自ら人生を楽しむ。家族と外国旅行に出かけたり、ヨットで湖やバルト海をめぐったりする。そのような探求的な生活が、人生への糧になり、授業の糧になる。

(3) http://www.pref.tochigi.lg.jp/m01/education/kyouikuzenpan/kyouikuiinkai/tabou.html　なお栃木県では同様の調査を２０１１年にも行っていますが、回答数は２００９年調査の方が多く、２０１１年も２００９年と似た傾向を示しています。

(4) 玄田有史（２００５）『働く過剰―大人のための若者読本』ＮＴＴ出版、p.87。

(5) ウェルリンクＨＰによる。調査期間は２００６年11月〜２００８年3月。http://www.welllink.co.jp/press/

(6) 藤原和博（２０１３）『負ける力』ポプラ社、p.２１１。

第6章　組織力を高めるデザインと実践①

到達目標の共有

私が訴えたいのは、
これ以上、職場から人間性を奪うのは
やめるべきだということ。
—カレン・フェラン（経営コンサルタント）—

『何をやりなさい』ではなく、
『なぜそれをやるのかを考えなさい』
—岩田松雄（スターバックスコーヒージャパン元CEO）—

■個々の学校現場でできることからやっていく

前章まで、なぜ学校改革がうまくいかないのか、学校の組織マネジメントの弱点や課題がどこにあるのかについて解説してきました。本章からはいよいよ、「ではどうするのだ」という対策・アクション編になります。さまざまな行政施策や制度、財政的な支援も重要となってくるでしょう。しかし、「事件は会議室で起きているんじゃない！　現場だ」という有名なドラマのセリフが最前線の重要性を示唆するように、本書は、個々の学校現場で採りうる対策に重点を置いて解説したいと思います。

以下では、実例をもとに具体的な取組を見ていきます。読者のみなさんには、事例について、特殊な要因や背景によるものと片づけず（そうした要因が効いている側面ももちろんありますが）、多くの学校に共通して取り組むことができるヒントがどこにあるのか、という点に注目してほしいと思います。また、前章までの分析を踏まえて、停滞事例とはどこが違うか、なぜここではうまくいくのかにも注意してください。

■到達目標の共有は、情報の共有と思いの共有から

組織マネジメントの三つの要素の最初で、もっとも基礎となるのが「到達目標の共有」です。到達目標の共有をいかに進めるかのヒントは、第2章で紹介した事例にもたくさん出てきます。

土佐小・中学校の学校づくりには、過疎化の進む町で、子どもたちに多様な経験をもっと提供できなければ、社会でたくましく生きていく子にはならない、という危機感が出発点にありました。岡輝中学校の事例では、熱心な教員のみによる生活指導や、部活動や学校行事を通じたものだけでは、荒れる学校を変えることができない、生徒がもっとも時間を費やす授業を、それまでいわゆる〝落ちこぼれ〟とされてきた子たちにもわかるようにしていくことが大事だ、という過去の振返りと現状認識がありました。

秋留台高校では、公立高校においてこの子は不適格だった（要するに、入る高校を誤った）というレッテル貼りで中退を増やしてよいのか、高校という居場所を失った子たちがどうなっているのか（ニートや非行を増やしているのではないか）という問いかけを、校長が教職員にしていったことから始まりました。

つまり、到達目標を共有していくには、学校内において（そして可能であれば家庭や地域、行政との間においても）、過去や現状、近い将来の見通し等に関する**「情報の共有」があり、問題意識や危機感、あるいはこう変えていきたいというビジョンなどの「思いの共有」があります**。現状や近い将来に特段の問題意識や課題認識をもっていなければ、なにかを解決しようとか、もっと向上しよう、チャンスを捉え一層魅力的な学校づくりを進めていこうといった思いにならないのは当然です。

もう少し俯瞰的に見ると、学校の組織マネジメントは、次ページ図表６-１のとおり、四つの

【図表6-1】組織マネジメントの基礎となる4つの“共有”ステップ

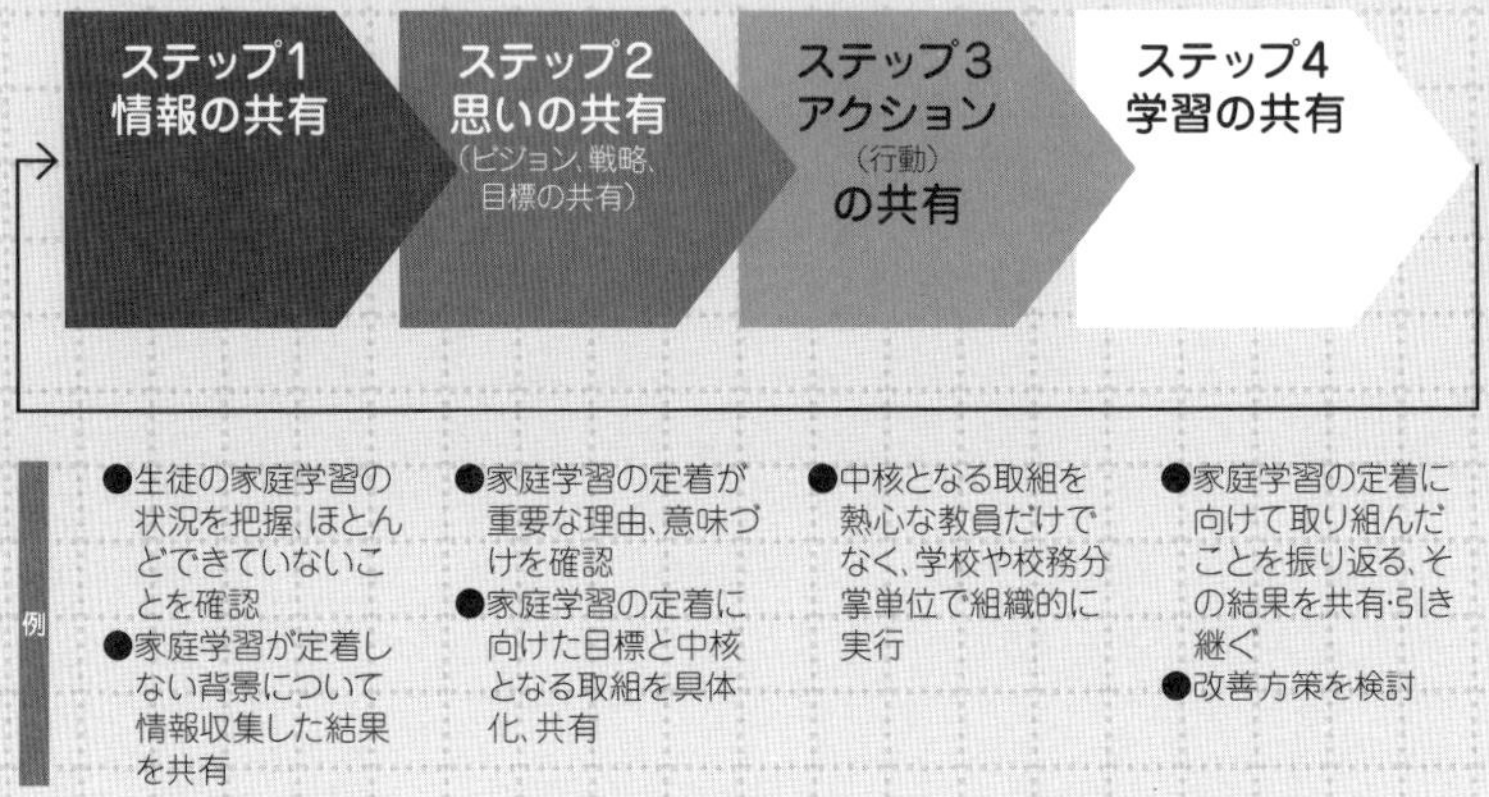
ステップ1
情報の共有
ステップ2
思いの共有
（ビジョン、戦略、目標の共有）
ステップ3
アクション
（行動）
の共有
ステップ4
学習の共有
例
●生徒の家庭学習の状況を把握、ほとんどできていないことを確認
●家庭学習が定着しない背景について情報収集した結果を共有
●家庭学習の定着が重要な理由、意味づけを確認
●家庭学習の定着に向けた目標と中核となる取組を具体化、共有
●中核となる取組を熱心な教員だけでなく、学校や校務分掌単位で組織的に実行
●家庭学習の定着に向けて取り組んだことを振り返る、その結果を共有・引き継ぐ
●改善方策を検討

〝共有〟ステップを進めていくことと捉えるとよいでしょう。これは、Plan→Do→SeeやPlan→Do→Check/Actionと言われていることと重なりますが、四つの共有として理解するほうが、何をやっていくのかという中身がイメージしやすいのではないでしょうか。到達目標の共有は、ステップ2の思いの共有の一部でありますが、その前提として、情報の共有や問題意識が重要であるということを確認しておきたいと思います。

いわゆる〝荒れる〟学校や深刻な問題を抱えている学校のみにおいて、到達目標の共有は進めるものではありません。たしかに危機感が強いと問題意識が明確になり、到達目標の共有が進みやすい傾向があります。しかし、たとえば進学校では、競合となる学校の動向や個別の生徒の教科ごとの強みと弱点などを細かく分析しています。単に進学実績を伸ばしたいという到達目標の共有だけではなく、その背景には情報の共有と、「うちの生徒ならもっと伸びるのではないか」といった思いの共有があるのです。進学校が強いのは、そうした情報の共有や思いの共有が過去の蓄積から進みやすい仕組みができているためです（たとえば、進路指導担当と各学年担当との連携が進みやすいような役割分担と情報共有の会議が設計されていることなど）。

対照的に、いわゆる中堅校では生徒の学力や進路にも幅が広く、かといって、荒れる学校や激しく競争している進学校ほど危機感が起こりにくいため、生徒1人ひとりのデータの分析など情報の共有が弱いというケースを私は何度か見てきました。

では、具体的に「情報の共有」と「思いの共有」は、どのように進めていったらよいでしょうか。身近なところからできるという実例を紹介したいと思います。

◎ケーススタディ（和歌山県かつらぎ町）

上の写真をご覧ください。これは、どこのどんなシーンだと思いますか？これは、学校便りを街の喫茶店に置いて、地域の人に学校のことを少しでも知ってもらおうという取組です。

家庭・地域への情報提供というと、学級便り等の配布やウェブページの作成が一般的です。しかし、特に地域住民にとって、それらをわざわざ見る人はそれほど多いわけではありません。そこで、かつらぎ町のある小学校では、地域の人が実際に手にとって見てくれそうな場所、シーンはどのようなところか検討し、喫茶店、銀行、病院の待合室など、住民にとって時間がある場所に学校便りを置いてもらうようにしました。**リソース（予算や人手などの資源）がなくても、ちょっとしたことから、知恵を出して「情報の共有」を進めた**好例だと思います。

◎ケーススタディ（鳥取県岩美町　町立岩美中学校）

岩美中学校では、学校評価を活用したPDCAサイクルづくりに大変熱心に取り組んでいます。きっかけは、2005年頃、戸田倫弘校長（当時）が地域住民の集まる会合やイベントに頻繁に足を運び、学校の現状についての意見を聞いてまわったことから始まります。そこで、校長は、学校に対する地域の期待は大きいこと、しかし同時に学校からの情報はほとんど伝わっていないことを肌で感じ取りました。当時、岩美中学校は〝陸の孤島〟と地域の人から呼ばれていたことに、自身も卒業生である戸田校長は大きなショックを受けました。このときの現状把握と危機感が、組織マネジメントの向上や地域との情報共有につながる原動力となっていきます。

岩美中では、学校の自己評価を始めた当初は校長が全ての目標を考え、数値目標まで設定していました。しかし、それでは教職員の理解が得られにくく、学校評価の取組の持続可能性が低いことが懸念されました。そこで2008年度以降、校長が学校の方針及び目標設定に向けた考え方を示した後は、全教職員が学校評価で得られた結果を分析し、議論した上で具体的な目標を設定するようにしました。校長が示すのは、教職員間で共有するべき現状認識とビジョン、目標を確認することに重点を置いています。具体的な取組内容や成果目標ならびに取組目標については、校務分掌ごとの計画を立て、それを明文化するようにしています。

◎ケーススタディ（X小学校）(1)

ある小学校では、児童の転落死をきっかけに、先生も保護者も悲痛な思いのなか、従来の学校安全対策の全面的見直しと、事故防止策の徹底に乗り出しました。新たに始められた取組のひとつが、学校の敷地内で起きた怪我のマップをつくるというものです。まずは、養護教諭が、保健室を訪れた子どもの記録をもとに、学校敷地内のどの場所で怪我が起きたのかを整理します。そして、そのデータにもとづいて、保健委員の子どもが学校の敷地図のなかの怪我の発生個所に1つひとつシールを貼っていきました。

養護教諭は、体育館や校庭にたくさんのシールが貼られることになるだろうと予測していました。しかし、「こうして調べてみたら、意外にも教室の怪我が多かった」のです。こうしたエビデンス・ベースドから負傷事故の発生状況を整理・共有した結果、より効果的に事故防止を達成するための、新たな関心のあり方が生み出されました。実際、ＰＴＡと教職員の敷地内の点検の際には、教室の点検が丁寧に行われています。

この事例が重要なヒントを含んでいるのは、怪我の発生実態を養護教諭のもつ情報から可視化していったということです。つまり、学校または行政には、課題や実態について重要なヒントを与える情報が、整理されていないかたちにせよ、たまっている可能性があります。このケースのように、そうした情報を引き出し、共有し、思いの共有やアクションにつなげていくことが重要となります。

■目指す子ども像が共有されているか

次に「到達目標の共有」の中身について考えましょう。「学校における到達目標とはなにか」と言ったとき、やはり大切になるのが、どんな子どもに育ってほしいか、育てたいか、どんな人材を輩出したいかという、目指す子ども像です。

この点については、「本校ではしっかりできています」と胸を張る学校も多いかもしれません。しかし、第4章で述べたとおり、単に「元気な子」「挨拶を進んでできる子」「基礎的な学力が定着している」といった**当たり前のことを並べるだけでは不十分**です。

社会が大きく変化しつつある今日（第2章）、どんな子に育ってほしいかという問いは、根源的でもっとも難しい問いでもあります。正解があるものではありませんし、多様な考え方、捉え方があってしかるべきでありましょう。しかし、その分、目指す子ども像についても、ある程度のベクトルを明確にしていかないと、あべこべのゴールを目指してサッカーするようなことになってしまいます。では、どのような工夫が必要なのか、いくつか事例から考察します。

◎ケーススタディ（京都府大山崎町　町立大山崎小学校）

大山崎小学校では学校教育目標と「そのために教師は何をすべきか」を対応させ、それぞれの像に対して努力事項を設定しています。

とりわけ、教育活動の根幹である授業については、よい授業とは、わかる授業とはというテーマにおいて、教職員がディスカッションし、具体的な成果イメージと取組を共有している点が特徴的です。よい授業とは何か、教師、児童生徒、保護者の視点から掘り下げて、具体的な言葉に落とし込もうとしています。

具体的には、授業参観を兼ねた校内研修において、付箋を活用しながら⑴何を教えるのか、⑵なぜ教えるのか、⑶どう教えるのかについて議論しています。書くことで若い教員も発言権を持つことができるように工夫されています。このようなワークショップは、それほど予算をかけずに各学校で実践できます。

◎ケーススタディ（鳥取県南部町　町立会見小学校）

会見《あいみ》小学校では、2006年度からコミュニティ・スクールに取り組んでいます。コミュニティ・スクールとは学校運営協議会というものをつくり、保護者や地域住民が学校運営に参画できる制度です。もっとも、同小で取り組み始めた2005年頃は、コミュニティ・スクールはどのようなものかイメージできてはいませんでした。そこで、まずは現状認識を合わせる必要があると考え、コミュニティ・スクールの委員を中心に、地域の中で育てる目指す子ども像について、話し合う場を設けました。目指す子ども像を確認し、地域が学校を支援できることや、地域で子どもを育てていく方向性について、共通認識をもつようにしたのです。

「熟議」とも言えるこの議論は約半年間続き、今の子どもたちのよいところをさらに伸ばすために地域で何をするか（たとえば、本が好きな子が多いことから、読書ボランティアを住民が行うこと）や、今の子どもたちの弱いところを地域がどうサポートするか（たとえば、子ども同士の異年齢での交流体験や、大人と子どもとの共同制作の体験の場を増やす）という具体性のある取組の立案にまで発展しました。目指す子ども像と取組についての熟議の結果は、その後の会見小学校の学校運営構想にも活かされています。

こうした現状認識と目指す子ども像の共有を土台として始まった学校と地域との連携の取組は、同小では「学校応援隊」という名称で呼ばれています。この名称には、地域ができるところから学校に協力をしていくことを活動の中心に置くという意味が含まれているのだそうです。学校応援隊では、教職員が学力向上に専念しやすい環境をつくること、また児童に本物の体験をさせることの2点を特に重要な点として共有し、活動をしています。

学校応援隊の活動は多岐にわたりますが、そのうちのひとつがＧＴＡ（Grandparent-Teacher Association）です。通常のＰＴＡ活動では父母が中心となりますが、ＧＴＡでは祖父母（学校に孫がいない方でもよい）が中心となり、昔あそびなどの世代間交流の授業を支援したり、農業体験の場を提供したりしています。何もない中では地域住民の多くは学校に足を運びにくい面もあるでしょうが、ＧＴＡ活動という組織と名称を加えることで、住民は気軽に学校を訪れられるようになっているとのことです。

■スターバックスはコーヒー店ではない？

「到達目標の共有」という点では、ミッションやビジョンの共有[2]に力を入れている民間企業やNPO等の取組も大変参考になります。もちろん、そのまま学校にあてはめられるものではありませんが、なぜその団体が原点であるミッションや実現したい夢であるビジョンにこだわっているかを考察すると、学校にも応用しうるヒントが多く含まれています。

ところで、読者の中には、スターバックスが好きという方は多いかもしれません。私の周りにもファンはかなりいますし、私もいまこの原稿をスタバで書いています。周りにそんな人がいたら、なにがいいのか、気に入っているのか聞いてみてください。「コーヒーの味が素晴らしい」という人は案外少ないのではないでしょうか？　それよりも「スタッフのホスピタリティあふれる対応」とか、「店の居心地のよさ」を挙げる人が多いと推察します。

なぜ多くの支持やファンを集めるようなサービスをスタバはできるのでしょう？　しかも、他のコーヒー店やファストフード店と同様、アルバイトが主体であるにもかかわらず。その背景の一端は、会社のミッションステートメントに見ることができます。[3] （次ページ図表6－2）

そうです。ここでは、〝スタバは美味しいコーヒーをいれるところです〟とは書いていません。まずいコーヒー店にわざわざ人は来ないし、他店よりもやや割高なので、コーヒーの品質にこだわ

【図表6-2】スターバックスのミッション

OUR STARBUCKS MISSION

To inspire and nurture the human spirit—
One person, one cup,
and one neighborhood at a time.

人々の心を豊かで活力のあるものにするために―
ひとりのお客様、一杯のコーヒー、
そしてひとつのコミュニティから

ここに書かれた原則を、ぜひ毎日に活かしてください。

出所）スターバックスジャパンウェブページ

るというのは当たり前と言えば当たり前。それよりも、「人々の心を豊かで活力あるものにする」と書かれてあるように、コーヒーをきっかけにして、顧客のその日をより豊かなものにしていくという思いがあります。

スタバの創業当初の理念として、別の有名な言葉があります。それは、〝Third Place〟。つまり、家庭でも職場でもない〝第三の場所〟として来たくなるような場所、くつろげる場所を提供していこうというコンセプトです。こうした理念が共有されているので、スタバでは私のようにノートPCを広げて仕事をはじめる人にもたいへんやさしく、追い出すという感じはまったくありません。短期的には顧客の回転率を少しでも上げたほうが得ですが、中長期的には回転率は悪くても頻繁に通うファンを増やすことで企業の成長にもつなげていくという戦略があります（私はこの戦略にまんまとハマっているというわけですね）。

スタバでは、こうしたミッションやコンセプトを明確化しているということに加えて、スタッフが心がけることを「クレド」という携行しやすい冊子に整理して常に参照するようにしています。また、事あるごとに具体的な経験として、このミッションやクレドに沿った行動ができたかどうかを職場や研修の場で振り返る機会があります。スタバは「思いの共有」かつ「学習の共有」の場を多く設け、組織が向かうべき方向性をしっかり共有していること、またそのための粘り強い取組をしているからこそ、高いブランド力を維持・強化できているわけです。

実際、スターバックスコーヒージャパンの元CEO岩田松雄氏[4]は、「ほとんどがバイトでもお客様を感動させられる理由」として、**「ミッションを徹底教育したあとは、権限委譲をして、その実現のための自主性と創造性を発揮してもらう**こと。これこそが、スターバックスの接客の核心なのです」と述べています。また、スターバックスに新しく入ったパートナー（アルバイト等のスタッフのことを同社ではこう呼びます）にかける教育（研修等）の時間は70時間にもおよびます。研修では、ミッションについてもかなりの時間話し合われ、**「何をやりなさい」**ではなく、**「なぜそれをやるのかを考えなさい」**というスタンスを貫いているそうです。

■個人の目標管理よりも、組織の目標管理から始める

あらかじめ目標を設定し、その達成状況の成果・実績をもとに評価する、業績評価（自己申告に

よる目標管理）を導入している教育委員会・学校は多くなりました。[5]

しかし、この個人ごとの目標管理がうまく機能しているかどうかについては、疑問視する声もあります。[6] 私は人事評価制度のコンサルティングを行ったこともありますが、どのような組織でも、目標管理をうまく機能させるには入念な取組が必要となります。目標管理は簡単に形骸化したり、職場の協力・協働関係上、制度の趣旨とは逆の効果を生んでしまったりすることもあるからです。

では、目標管理を機能させ、教職員の協働関係も促すものとするにはどうすればよいでしょうか？ 大変重要な点でありながら、企業でも公的組織でも案外見過ごされている基本は、**個人の目標管理の前に、組織の目標管理がしっかりしていなければならない**、ということです。学校でいうと、個々人が年度はじめに目標を設定しますが、その目標はなにも好き勝手に立てるものではないはずです。学校全体の目標を踏まえることはもちろん重要ですが、校務分掌や学年集団をはじめとする学校全体よりももう一段小さなチーム単位での目標を受けて、自身の役割に応じた目標を立てる必要があります。

問題は、この分掌等の目標管理がはなはだあいまいな中で、個人の目標管理のみやれという号令のもと、（嫌々）やっているという学校がかなり多いということです。分掌等のチーム単位で課題を明確に共有し、重点的な取組を設計していくことが、組織マネジメントの三つのポイントいずれの点でもとても重要です。

【図表6-3】組織マネジメントの三つの要素とビジョン・戦略

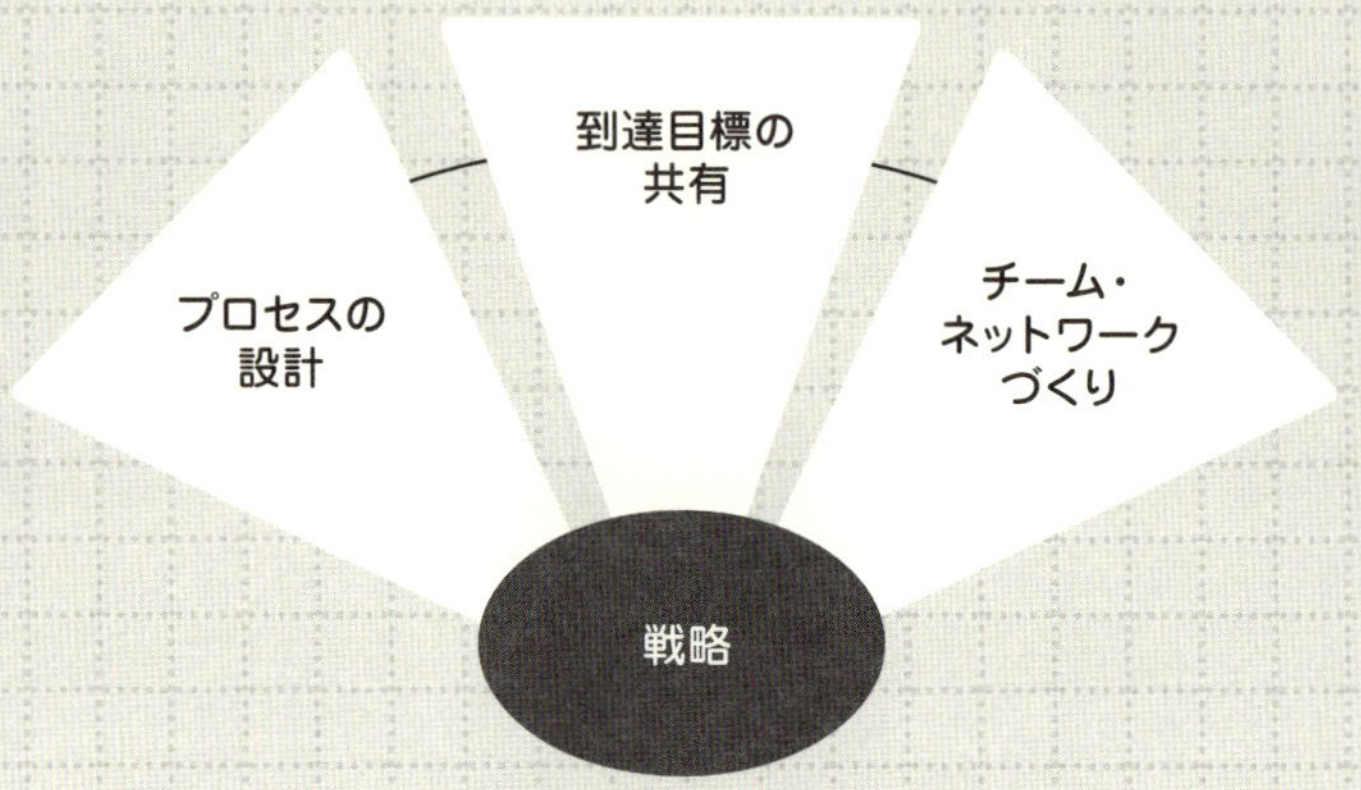

■扇の要の戦略

これまでの事例をヒントに、学校についてどういうことが言えるのでしょうか。まずはコンセプトの言葉の整理をしておきましょう。

まず「ビジョン」について。どんな学校でありたいか、どんな子どもたちに育っていってほしいかなどの、未来のありたい姿を指します。私が三つの視点で述べている「到達目標」にはビジョンを含んでいます。ビジョンは数年先やもっと先の未来の目標を指しますが、到達目標の中にはもっと短期的なものもあります。

次に本書では「戦略」という概念も度々述べていますが、これとビジョンは同じではありません。**ビジョンに到達するための主要な道筋、ストーリーが「戦略」**と理解してください。登山にたとえると、ビジョンは目標の山を登った後、どんな景色が見えてきそうか描写するものですし、戦略は到達するために、地図上に主要な道筋を書き記すことです。

「戦略」という言葉は学校ではそう使われない概念であり、また、戦争を想起させるため、教職員の方の中には毛嫌いする方もいるかもしれません。しかし、学校づくりがうまく進む場合とそうではない場合の違いのひとつが、戦略の有無、ないし戦略の魅力と一貫性の出来にあります。なぜならば、ビジョンと戦略は、なぜこのような活動や取組が重要なのか、教職員にとっての指針となり、教職員を内から動機づけるものだからです。また戦略は、多忙な教職員があちこち分散的に力を発揮するのを防ぎ、ある程度のスコープに取組を重点化させるのに役立ちます。

本書では、「到達目標の共有」「プロセスの設計」「チーム・ネットワークづくり」の三つの要素が大切ですよということは何度も繰り返していますが、この三つは相互に密接に関係していますし、バラバラに推進していくものではありません。この三つをくっつける**扇の要（カナメ）となるのが、「戦略」であり、戦略がどれほど強固にこれら三つをくっつけているかという強さや一貫性が重要**となります。（前ページ図表6-3）

■思わず語りたくなるような、わくわくする「ストーリー」をつくって、語れ

しかし、世の中には〝一見ビジョンっぽいもの〟、言い換えると、実効性を伴わない空疎な目標や〝戦略もどき〟がはびこっているのも確かです。

それはなにも学校に限った話ではありません。企業で言うと、〝3年後に業界シェア20%をとる〟や〝5年後には1千億円売り上げる企業になる〟は、経営陣の意気ごみ、意欲を示すものとはなっていますが、その企業は顧客にどのような価値を届けたいのかや、事業を通じてどのような社会や人々の生活にしていくことを目指しているのかなどは語っていません。また、これでは結果へ至るためのプロセスはよくわかりません。このように、戦略不在で掛け声だけは大きい、という例は相当あります。

学校で言うと、〝学力を定着させる〟、〝知・徳・体をバランスよく育む〟といったことのみ掲げる例は、先ほどのシェアや売上を掲げる例と似ていて、ビジョンとは言い切れません。**ビジョンっぽいものを立ち上げても教職員の納得は高まらず、ビジョンに人々の本気度（本気になる気持ち）が入ってこない状態（＝共鳴しない状態）**になってしまいます。昔の人はうまいことを言ったものです――〝仏作って魂入れず〟。

次に、よい戦略とはいったいどのようなものなのでしょうか。経営学者の楠木建氏によると、それは「思わず人に語りたくなるようなストーリーがある」ものです。[(7)] たしかに、ビジョンや戦略がわくわくするものだったら、教職員（企業では従業員）のモチベーションは高まるでしょう。もう少し分解すると、「思わず人に語りたくなるようなストーリーがある」学校のビジョン・戦略とは、少なくとも次の要素を含むと私は考えます。

① 問題意識や課題認識が明確であること。忙しい教職員にとって「取組、活動の優先順位付けを

せよ」と呼びかけられても、それはそう簡単ではありません。その前に課題の重点化が大事となります（詳しくは次章でも述べます）。

② 課題を解決したとき、または学校や教職員、地域の資源や強みをより活かしたときに、どんな学校となるか、児童・生徒はどうなるかについてのイメージが明確であり、かつ教職員にとってそれがわくわく感じられるものであること。教職員の多くは児童・生徒のためになると思えることには、やりがいを感じるというのも事実です。

③ ①の現状を変えて、②の状態に向かっていくためのステップ、取組の連鎖が描かれていること。個々の取組、対策がバラバラではなく、学校のビジョンにうまくつながっていることで、いわば「この山にこういう順序で登ってみよう」と教職員に思わせるものが出てくるかどうかです。

◎ケーススタディ（鳥取県岩美町　町立岩美中学校）

「小1ギャップ」や「中1プロブレム」という言葉が象徴するように、保育園・幼稚園から小学校までの接続と、小学校から中学校への接続は、全国各地で問題となっています。

そんな中、岩美町教育委員会では「スクラム教育」という名称で、学校間連携と学校と家庭・地域の連携を進めること（多様な主体がスクラムを組んで教育や生涯学習に参画すること）を推進しています。

岩美中学校では、まず学校内部のＰＤＣＡサイクルの構築を目指して、授業や生徒指導に関する目標を設定し、実行、評価・改善を行っています（研究マネジメント、教科マネジメント、校務分掌マネジメントと呼ばれていて、そうしたチーム単位での目標管理を指します）。これを進めながら、それらを大きく包括する保小中高が連携したカリキュラムを構築し、実践します（カリキュラムマネジメント）。さらに、そうした学校間連携の取組を家庭・地域と連携させながら、町の活性化にも貢献するネットワークマネジメントにつなげていこうとしています。言い換えると、過疎化が進む同町において、地域活性化の中心的な拠点のひとつとして、中学校の取組があると位置づけています。

具体的な取組としては、「保育所・小学校・中学校・高等学校のなめらかな接続に向けて」と題して、連携したカリキュラムを作成し、実践しています。もっとも、カリキュラムづくりといっても、すぐにできたわけではありませんでした。保小中高の教職員・保育士等にとって、いわゆる小1ギャップや中1プロブレムについておおよその共通認識はあったものの、何から手を付けたらよいのか分からない状態からのスタートだったからです。そこで、まずは「目指す子ども像」について、教職員・保育士、町教育委員会等の間で何度も「熟議」を重ねました。

次に、その目指す子ども像に向けて保育所と小学校との間、または小学校と中学校との間、中学校と高校との間でどのようなことを連携するべきか、また各々がどのような取組を強化するべきか検討しました。その検討結果は、月別または週別、日別のスケジュールや指導案として明文化し、各学校・保育所において実践するようにしました。

岩美中が地域活性化の拠点となるという構想、ビジョンについては、地域の働く人に学ぶ「ふるさと先生」という場をもつことや、職場体験活動、地域の人材を活用した特別学習を通じて、生徒が地域の多彩な人材に触れるような工夫にも現れています。〝地域が学校の応援団〟となる活動を通じて、郷土を愛し、誇りと自信をもつ生徒を育てる活動を続けています。

同時に、学校と地域の公民館や社会福祉協議会等が連携した行事を行ったり、生徒が地域の伝統行事に積極的に参加したりする例も増えています。ここでは〝学校は地域の応援団〟というわけです。

このように、保育園・幼稚園から中学校、高校までがスクラムを組んで取り組み、また中学校が地域活性化の拠点のひとつとして機能し始めている、これは相当野心的で、わくわくするビジョンと戦略の例である、と私は感じます。

■目指すのはベクトルの一致ではなく、ベクトルの〝和〟

学校のビジョンや目標が、個々の教職員の本音では、バラバラのゴールに向かってボールを蹴っているような状態になっているのではないか、という問題提起をしました（第4章）。

では、「到達目標の共有」や「ビジョンの共鳴」「戦略の共有」と言ったときに、どういう状態がよいのでしょうか。個々の教職員が目指すベクトルが完全に一致しているという状態は現実的ではありません（実際、目の前にいる子どもたちは多様であり、複雑な問題に直面しており、一様に目標は定まりません）。少しずつズレてはいるし、個々の特徴があるけれども、だいたいのゴールの方向性は一致している、という状態であると考えます。

数学のベクトルの授業を思い出しましょう。次ページ図表6-4のように、A教諭がaという目標を描いており、B教諭がbという目標を描いていたとします。方向性が合っていないと、ベクトルの和は元の力よりも弱くなってしまいます（①）。方向性がほぼ完全一致する（②）というのは、現実的ではないし、その方向性が子どもたちにとって思わぬ負の影響があったときに影響が大きいわりには、教職員の中で異なる意見をもつ人が少ないので軌道修正を行いにくいというリスクがあります。目指すのは、③のように方向性を合わせてベクトルの和をとっていくというパターンです。

これは、なにも学校マネジメントに限った話ではありません。たとえば、結婚生活を考えたときも夫婦が完全に意気投合している（②のパターン）なんて、現実的ではありません。また、いがみ

【図表6-4】到達目標の共有の意味（ベクトルの和のたとえ）

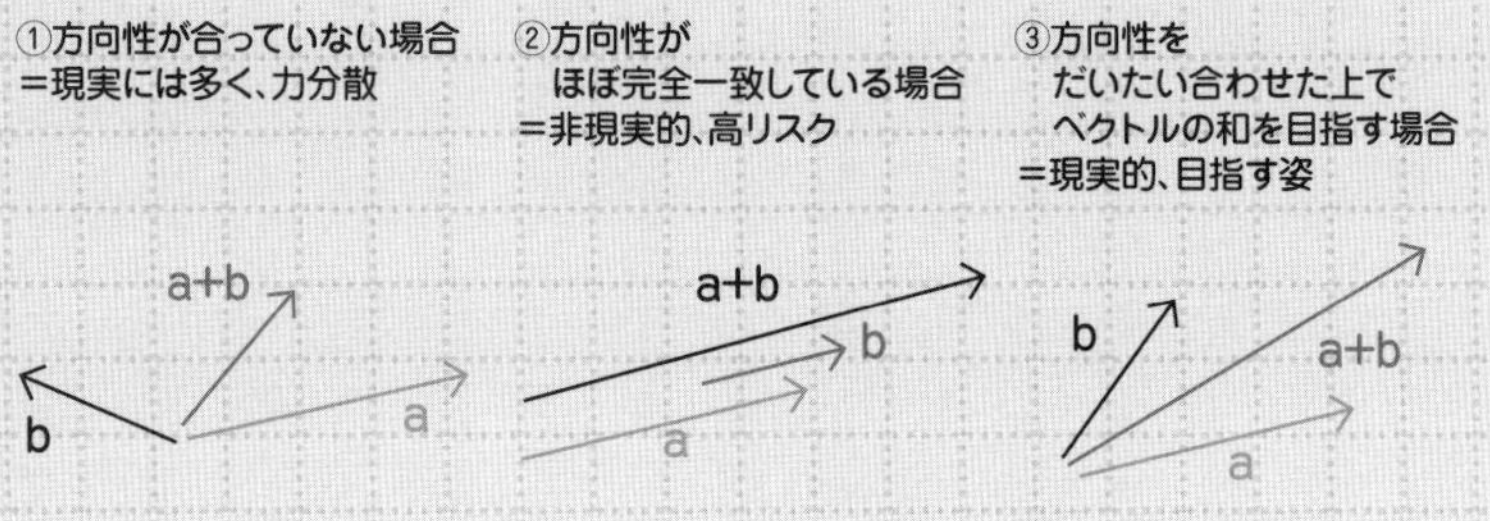

合ってばかりでも2人の合わさった力は減ります（①）。家庭により差はあると思いますが、やはり、そこそこで合わせながら、協力していくという姿ではないでしょうか（③）？

■数値目標や指標は参考になるが、依存してはならない

「到達目標の共有」といったときに、数値目標や目標管理する指標については、どう考えたらよいでしょうか。

私がこれまで学校評価などで多くの事例を観察して気付いたポイントとして、2点指摘したいと思います。ひとつは、数値目標の達成・未達成という結果や指標のデータの推移は、進捗状況を見るうえでは、参考になるという事実。もうひとつは、しかし、数値だけでは表せない実態もあるということ。結論としては、**数値目**

標や指標は進捗確認のツールとしては活用しつつも、それが現実のすべてでは決してないので、**数値以外の情報を含めて様々な情報や声を集めて、観察していく**しかありません。

この私のスタンスはどっち付かずに見えるかもしれませんが、数値も数値以外の情報も両方とも大事だ、一方だけに依存するのは危ういということを申し上げたいのです。しかし、どうも両極端な学校が多いと思います。

第一に、数値目標は掲げずに進むケース。こちらは多くの場合、「思いやりのある子を育てる」「基礎学力を定着させる」「活用する力を付ける」など、抽象度の高い目標が学校経営計画や学級方針・教科方針として並びます。では、その目標ができたのかどうか、うまく進んでいるのかどうかと問われると、個々の教職員の主観に依存するケースが多くなり、目標の共有もその目標の到達具合の確認もあいまいなものになるリスクがあります。

第二に、ともかく数値目標や指標の管理に一生懸命になるケース。これは、数値目標を掲げないと説明責任が果たせないと、アカウンタビリティの理念を狭く誤解しているケースなどで起こりがちです。このような場合の弊害としては、できた、できなかったという結果論で一喜一憂して、中身やプロセスの反省がないがしろにされやすいということがあります。たとえば、学校評価などで基礎学力の定着を図るテストの平均点がどうだったかや、生徒へのアンケート結果については見るけれども、なぜうまくいったのか、いかなかったのかなど、中身の考察や議論に時間と労力を割く余力をなくしてしまうケースなどが典型的な停滞例です。

また、そもそもその指標でよかったのかどうか、たとえば、基礎学力の定着ならば、それをテストの平均点ではなく、一定の水準の点以上をとった生徒の割合で測るべきではないかといった議論もしていくべきでしょう。しかし、いったん数値目標や指標を決めると、それが独り歩きすることもあります。

さらには、指標や定量的なデータで表せない情報を軽んじるという弊害も起こりやすくなります。たとえば、学校評価では、児童・生徒や保護者へのアンケートを実施して、その数値のみを見て満足している学校が大変多い現状があります。保護者や児童・生徒との面談の結果得られた情報など、数値化は難しいけれど、学校の現状を理解できる情報があちこちに転がっているにもかかわらず、それらを汲み取ろうとしない弊害が起こります。

企業の例となりますが、アメリカの経営コンサルティング会社で長年勤めてきたカレン・フェラン氏は『申し訳ない、御社をつぶしたのは私です。』という面白いタイトルの本で、自身の失敗体験から次のように告白しています。(8)

> 私たちは企業経営の専門家や経営コンサルティングファームのせいで、ビジネスというのは論理的なものであり、すべて数字によって管理できると思い込んでいる。モデルや理論に従えば成功への道筋が示されると信じてきた。
>
> ところが、企業がさまざまなモデルを導入し、数値データに従って意思決定を行っても、期

待していたような成果は決して得られない。なぜなら、ビジネスは理屈どおりにはいかないからだ。

……（中略）……ビジネスとはすなわち「人」なのだ――非理性的で感情的で気まぐれで、クリエイティブで、面白い才能や独創的な才能を持っている人間たちのことだ。そんな人間が理屈どおりに動くはずがない。

私が本書によって訴えたいのは、これ以上、職場から人間性を奪うのはやめるべきだということ。


理屈どおりにはいかないことも多いこと、クリエイティブで、面白い才能や独創的な才能を持っている人間たちの集まりをマネジメントしようとすれば、数値だけではダメで、人間性のある方法を探るべきことは、まさに学校についても言えることではないでしょうか？（学校マネジメントの理屈を解説する本書が言うのもなんですが。私としては、理屈を知ったうえで、理屈では割り切れない部分もしっかり見ていくということが大事ではないかという思いで書いています。）

また、成果主義の人事評価などの人材マネジメントについては、次のように述べています。


日々のふれ合いのなかで指導やフィードバックを行ってこそ、社員の業績は向上する。上司と部下（そして同僚間）のコミュニケーションこそ、業績の向上には欠かせない手段だ。現行の業績管理システムは、ただ書式に記入し、スコアを計算し、ランク付けを行い、カネを分配するだけで、人間関係をおろそかにしている。
多くのマネージャーは、プロセスどおりに考課を行い、部下の長所と短所を評価してアクションプランを示せば、それで管理職としての務めは果たしたと思っている。

この指摘は、人事評価の話だけではありません。組織（企業であれ、公的な組織であれ）の目標を共有し、その進捗を確認していくには、**数値だけを追っていたのでは十分ではなく、人とのコミュニケーションから得られる情報が大事**、というメッセージです。

◎ケーススタディ（神奈川県横浜市　市立さつきが丘小学校）

さつきが丘小学校では、学校評価を始めた1年目（２００６年）は国のガイドラインの評価指標例64を網羅的に取り上げ、１６０項目のアンケートを児童、保護者に実施していました。しかし、集計に労力が割かれ、まさに「評価のための評価」となってしまい、教職員の士気が低下してしまいました。

ちなみに、国の学校評価のガイドラインで示しているのは、飽くまでも評価の項目や観点の〝例〟なのですが、これを網羅的に扱わなければならないと誤解している教育委員会や学校は少なくありません。

同小では、この反省を受けて、評価指標の重点化を進めました（32指標に削減）。加えて、保護者との日常的な会話から情報を収集することとし、行事でのアンケートは廃止し、個人面談でのコミュニケーションを重視するようにしました。保護者との会話から得た情報は、懇談会記録用紙に記述したうえで、全教職員間で共有し、改善できることは即実行するように努めているそうです。

この例が示唆するように、実は学校では、保護者からの情報ひとつをとっても、個人面談から得られた情報や学級懇談会、ＰＴＡの会合での情報など、フォーマルな（場が正式に設定されている）情報源に限っても、様々なルートがあります。これに保護者からの個別の相談や通報などのインフォーマルなルートを併せると、情報源はより多くなるでしょう。アンケートも使い方によっては大変効果的ですが、**保護者へわざわざアンケートをとらなくてもわかっていることは、多忙化しているのであれば、省くべき**ですし、アンケート以外の情報をもっと大切にするべきです。

■期限のない目標は目標ではない

期限のない目標（「私はいつか山登りをします」）は、目標と呼べるものではありません。いつまでに何を達成するか（または実施するか）を明確にしないと、チェックしようもありません。

もちろん、学校教育では、何年も見ないと、結果や成果がわからないということは多くあります。しかし、そうした遅効性が言い訳や思考停止に使われてはいないでしょうか？　学校というところは、数年もすれば児童・生徒はそっくり入れ替わってしまうし、子どもたちにとっては、１年間や数十日が大変重い意味をもつ場所です。子どもたちの成長のために、１年や数か月サイクルで、目標の進捗を見ていくことはやはり重要と言えます。

では、学校の目標として、期限を定めるとしても、どのくらいのタイムスパンがよいのでしょうか？

これには一概にこうと正解があるものではありません。その学校のビジョンと課題によるとしか言いようがないからです。たとえば、学級崩壊の状態にあり、少しでも授業の規律を早く取り戻す必要があるというとき、1年後の目標だけでは悠長というものでしょう。1か月や数か月で点検していくことも明確にするべきです。一方、たとえば、高校で3年間を通じて育成したい職業意識やキャリア教育上のビジョンがある場合、3年後の目標を掲げることと1年ごとや半期（半年）ごとに確認する目標（中間目標と呼んでも構いません）を明確にすることは意味があることです。

(1) 内田良（2015）『教育という病―子どもと先生を苦しめる「教育リスク」』光文社、p.24～26をもとに一部編集・加筆の上、作成。

(2) 本書では、ミッションは存在意義と訳されることがあるように、その組織にとって不変的な価値観、考え方を指すものとして用い、ビジョンについては、可変的で、ある期間を設定したうえで到達する目標、ないしその組織の目指す姿という意味で用いています。

(3) スターバックスジャパンHP　http://www.starbucks.co.jp/company/mission.html。

(4) この段落の記述は、岩田松雄（2012）『ミッション―元スターバックスCEOが教える働く理由』アスコム、p.142～144。

(5) 文部科学省「平成25年度公立学校教職員の人事行政状況調査について」によると、ほとんどの都道府県・政令市の教育委員会において、教諭への人事評価として、業績評価が導入されています。

(6) たとえば、諏訪英広（2010）「教員評価制度の実態と課題に関する調査研究―A県における目標管理と勤務評定の比較分析を中心として―」、川崎医療福祉学会誌Vol. 19 No. 2、p.451～460。

(7) 楠木建（2010）『ストーリーとしての競争戦略―優れた戦略の条件』東洋経済新報社。

(8) カレン・フェラン（2014）『申し訳ない、御社をつぶしたのは私です。』（神崎朗子翻訳）、大和書房、p.23、160。

第7章　組織力を高めるデザインと実践②
プロセスの設計

ミスの多い組織には
創造性や戦略性を求めることなど
不可能である。
—沼上幹（経営学者）—

劣後順位の決定、
すなわち取り組むべきでない仕事の決定と、
その決定の遵守が至難だ。
—ピーター・ドラッカー（経営学者・コンサルタント）—

■プロセスの設計とはなにか

「到達目標の共有」をうまく進めても、それが具体的な取組とならなければ、絵に描いた餅となります。三つの要素のうちの2番目、「プロセスの設計」とは、到達目標に至る具体的な道筋を設計することを意味します。第6章で紹介したように、「プロセスの設計」では、戦略という主要な道筋に沿って、重点的な取組を立案し、軌道修正しながら実行していくことが重要となります。

プロセスの設計をどのようにして進めるか、そのポイントを次から解説します。

■個々の教職員任せにせず、重点的な取組を明示せよ

多くの学校の目標や計画があいまいで煙を巻いたようなものになっている事実は、「到達目標の共有」が不足していると同時に、「プロセスの設計」ができていないということでもあります。各論についての議論や職場で緊張を起こすのを避けているかのような、要は無難な表現にとどめている計画があちこちにあります。

◎ケーススタディ：公立A中学校

学校経営計画を観察・分析すると、どこまでその学校が具体的で、戦略的にプロセスを設計できているかはよくわかります。ここでは、検索サイトでたまたまひっかかってきたある中学校のものを例にします。

A中学校の学校経営計画（一部抜粋、加工）

■めざす学校

・正しく判断し、進んで実行できる人間になろう。
・思いやりのある心豊かな人間になろう。　・心身ともに健康で明朗な人間になろう。　等

■中期的目標と方策

〇豊かな心の育成
・教育活動のあらゆる場面において、心の醸成を図る。　・体験活動をとおして、豊かな感性や情操を育む。
〇確かな学力の育成
・基本的な学習習慣を身に付けさせ、基礎学力の定着を図る。
・読書活動の充実を図り、自ら学ぶ意欲や知的好奇心の高揚を図る。　等

■今年度の重点目標と方策

〇学習指導
①授業規律を確立し、基礎的、基本的な知識・技能を確実に身に付けさせる。
②あらゆる学習指導において言語活動を重視するとともに、科学的なものの見方・考え方の育成を図る。
③効果的な少人数指導を実施し、個々の生徒の実態に応じた学習指導を展開する。
④ＩＣＴ機器を効果的に活用した授業改善及び学力向上を図る。
〇生活指導・進路指導
①教育活動のあらゆる場面において、人権尊重の精神を育成するとともに豊かな心の育成を図る。

②いじめや暴力は絶対に許さないとの毅然たる態度で指導に当たるとともに、問題が発生した場合は、速やかにその対応及び指導に当たる。
③礼節を重んじる態度及び実践力を育てるとともに、規範意識の向上を図る。
④教員自身の人権感覚を磨くとともに、生徒の人権に配慮した指導の徹底を図る。特に生徒を呼ぶ場合及び職員間で話題にする場合、必ず敬称を付けて呼ぶものとする。等

どのような感想をもちましたか？　思いやりを育てることや基礎学力を定着させることを念頭に置く点は、オーソドックスで他の学校にも似たような表現があることと思います。そうした点は確かに大事でしょうが、あまり具体的な取組が立案されていないことに気づきます。今年度の重点目標と方策の欄は、具体的に記述できる個所のはずなのに、「授業規律の確立」「言語活動を重視」「礼節を重んじる態度及び実践力を育てる」などは、学校像や中期目標で言っていることのほぼ繰り返しであり、実際、それらを実現するために、どのような課題に、限られた資源（教職員の力や時間や予算等）をどのようにして活用していくのかが、ほとんど見えません。

要するに、重点と言いながら、なにに教職員は重点的に取り組むのか、そのプロセスが立案・設計されていないのです。ちなみに、「生徒を呼ぶ場合、必ず敬称を付けよう」というのは唯一具体的であり、だいたい達成状況をチェックできることでしょう。しかし、これが生徒の思いやりを育てるうえで、他の取組に増して、本当に重点的に行わねばならないことなのでしょうか？　意味づけもなされていないし、ともすれば、管理職の思いつき（もっと言えば独善的な）目標設定である

可能性もあります。

このA中学校は決して特異な例ではありません。試しに、なじみのある学校のウェブサイトで学校経営計画に相当するものを読んでみてください（掲載されていない場合もありますが……）。

このケースから示唆される問題点は次のとおりです。

第一に、学力ないし学習指導が大事だといった当たり前のことは述べているものの、生徒が学校生活の中で大半の時間を過ごす**授業を具体的にどうしていくかについての分析や具体的な取組はほとんどない**ことです。冒頭で紹介した岡輝中学校の事例などとは対照的です。

第二に、当たり前のことしか書いていない、**重点が見えない計画**なので、これは教職員にとっては、作る手間やチェックする手間をかけたとしても、中身がほとんど伴いません。つまり、具体は校務分掌ないし個々の教職員任せとなっており、まだ分掌の計画がしっかりしていればよいですが（そういう例は私がこれまで観察した限り、多くはありません）、この全校の計画書だけでは中身が薄いので、分掌や個人の計画を立てる際にはほとんど使いものになりません。

第三に、おそらく、計画は個々の教職員の意見の反映や参加はあまりないまま作られており、かつこの抽象度であるために、計画を出して見せただけでは、教職員の本気度やモチベーションは高まらないであろう、ということです。

少し辛口過ぎたかもしれませんが、今の学校経営計画のどこがダメなのか、しっかり認識することが「プロセスの設計」のスタート地点です。実際に、ある学校（例に挙げたA校とは別）の経営計画をもとに、教職員のワークショップを行い、どこがわかりづらいか、どこをもっと具体的にしなければならないか、重点化を図るとすればどのような点を記述すればよいかなどのアイデアを出していく作業を行ったところ、計画の問題点や不足する点をたくさん可視化できました。このようなワークショップを2、3時間するだけで、学校経営計画はずいぶん変わります。

■授業を大切にすることと、お互いに口を出すことは矛盾しない

なぜ、プロセスをあいまいなままにする学校が多いのでしょうか。ひとつの背景には、学校教育が個々の子どもたちの状況に応じて、各教室や授業で柔軟に対応を設計し実行しなければならない、という特徴があります。しかも、個々の教員は自律しているという建前で授業は成り立ちますから、お互いの具体的なプロセスは研修の場などの一部の例外を除いては口を出さないということになりがちです（第4章）。

しかし、よく考えてみると、授業がそれほど大事ならば、お互いに影響を与え合い、切磋琢磨したほうがよいとも考えられます。授業の工夫等についての教員のレポートの共有をきっかけに授業改善が進んだ事例、また、よい授業とは何かという目標を共有したうえで、授業改善等に組織的に取り組んだ例などがありますが、授業を大切にすることと、プロセスを具体化していくことは矛盾するものではなく、子どもたちによい影響を与えることにつながります。

■授業改善という〝本丸〟から逃げない

学校の本務は授業にあるとの認識のもと、授業をよりよくすることが学校をよりよくすることにつながる中核にあると考え、全小中学校において授業改善に取り組んだ事例を見ます。

◎ケーススタディ（岡山県矢掛町）[1]

矢掛町では、具体的にはどのようなプロセスを設計したのでしょうか。武泰稔教育長（当時）は、授業改善を進める一番の近道は、他の人に見てもらうことであると考え、授業公開によって、学校運営と学級運営において適度な緊張感が生まれると考えました。そこで、２００５年からは、教育長自らが飛び込みで、学校を訪問して授業を参観するという取組を始めたのです。これは、授業の質を高めるという町の方針が本気であることを教職員に示すかたちとなりました。当初、多くの教職員は戸惑っていましたが、これを皮切りに授業をオープンにすることが、徐々に定着することになります。次第に保護者や地域住民、他校の教職員等が常時学校へ出入りし、授業を参観するようになりました。

学校評価に力を入れているのも、同じ問題意識からです。学校評価の活動の中で授業を中心とする教職員の取組を見てもらい、よいところ、伸ばすべきところを保護者や地域住民、専門家から褒めてもらうことで、教職員は自信をもち、授業改善等の取組の成果を確認できるとの戦略が背後にあります。

ここで言う〝褒める〟とは、応援するというのに近いかもしれません。町では、教職員の多くは、現状維持で満足するのではなく、授業改善をさらに進め、授業を通じて学校は変わっていけることを実感しつつあります。

こうした取組の背景には、学校現場を度々訪問する武教育長の強力な推進力に加え、町全体としての教育目標の重点を明確化していることが効いています。町では教育行政重点施策において、授業改善のなかでも、とりわけコミュニケーション力の強化、言語力の向上を掲げています。これは単一の教科だけではなく、あらゆる教科において意識的に取り組むことが重要であるとされているものですし、町内の学校間が接続・連携して取り組むこととされています。一例をあげると、矢掛町では英語活動を10年以上前から幼稚園・保育園に導入し、その後、小学校の全学年でも学習するようにしました。現在は、幼稚園・保育園・小学校・中学校の英語担当者が集まって作成した、10年間を見通したカリキュラム、「YAKAGE PLAN」(改訂版)を活用して展開しています。

私が議論したいのは、早期の英語教育の是非ではありません。学校内においても教職員が教科を越えて協力して取り組み、また学校の外では、幼・保・小・中(場合によっては高校も)が連携して取り組むべきことを、町の教育の重点施策として明確化し、それを学校評価というツールを使って確認して、個々の授業改善につなげているという、矢掛町のつながり・連関のある取組は他地域にも大変参考になると思います。

■ルーティーン業務を軽視するな

この矢掛町の例を見てもわかるように、学校の教育活動や組織運営をよりよくしていくためには、なにも奇抜なことやすごく特徴のあることをやっていかなければならない、というわけではありません。日々の授業を大切にするということが基本になります。

繰り返し行う定常的、日常的な業務のことを「ルーティーン業務」と言います。学校でいえば、授業の準備もそうでしょうし、校務分掌の多く、さらには、児童・生徒の出席日数の管理や必要な教材・備品を購入する手続きなどもそのひとつでしょう。教育改革を主張する本や議論ではほとんど議題に上りませんが、こうしたルーティーン業務がそつなくしっかり進んでいることが、学校の

課題対応力を高める上でも基本となります。経営学者の沼上幹氏は次のように指摘します。(2)

官僚制を馬鹿にしてしまい、むしろ組織設計の基本中の基本を忘れてしまうのは問題である。官僚制は組織設計の基礎であり、その基礎ができていない組織は凡ミスを多発する。……（中略）……

もし官僚制機構がしっかりしていなければ、その分だけ不正確な情報に基づいて組織が行動しなければならなくなったり、部下のミスから発生した問題の処理に上司の時間が無駄に費やされたりする。その結果、より創造的な仕事をするべきスタッフや、より戦略的な仕事をするはずの経営管理者までミスの処理に走らされたりする。**ミスの多い組織には創造性や戦略性を求めることなど不可能である。**

主に企業経営について述べたものですが、学校でも同じことが言えるのではないでしょうか？「官僚制」とは中央省庁などに限った話ではなく、ここでは組織一般の規則やヒエラルキーをもった構造のことを指しています。学校では、従来から一般の教諭が多い〝鍋蓋組織〟であるので、ヒエラルキーは企業や行政組織と比べると弱いと見られてきましたが（ただし、主幹・主任制度を導入し、ヒエラルキーの要素を一部採り入れている学校もあります）、一定の官僚制の要素はあります。そのひとつが校務分掌です。分掌を通じて、進路指導主任や学年主任などといったミドル・リーダーのもと、一定の指揮命令系統はできています。

沼上氏の指摘を参考にすると、学校では、この**分掌のルーティーンがしっかり回っていないと、ミドル・リーダーはより創造性や戦略性を発揮する仕事をする余裕が生まれませんし、教務主任や副校長・教頭らがさらに多忙となってしまいます**。そして、分掌ごとのルーティーンがしっかりしているかと問われると、課題もあります。これは、プロセスの設計にも、次章のチーム・ネットワークにも関係します。

一例ですが、東京都の小中学校への調査によると、「業務必携やマニュアルなどの、実務に役立つ情報が、教職員の間に十分に周知されていない」「前任者からの業務の引継ぎが不十分である（たとえば、前任者から過去資料・データ等の引継ぎがあれば、調査事務が楽になる）」と報告されています。(3) あなたの学校では、ルーティーン業務は軽視されていないでしょうか？

■取組の重点化よりも、課題の重点化が先決

〝重点化が必要〟とは度々言われていることですが、教職員の方からは**「学校には大事なことがたくさんあるんです。どうやって重点化せよと言うんですか？」**という声をよく聞きます。

「学校には大事なことがたくさんある」、そのとおりです。企業経営では「選択と集中」と言われ、将来性が薄い事業からは撤退して、従業員や会社の資金を別の事業のほうにシフトさせる決断がなされることもありますが、学校や行政などの公的な組織では、企業ほど、そう思いきった判断

を行える基準（たとえば、利益を上げていけるかどうか等）もないし、社長の判断といった特定の人が即決していける世界でもありません。

しかし、多忙化する学校現場では、ある程度取組に濃淡を付けていかないと、新しいことやより高い目標にチャレンジしていく時間的、精神的余裕は生まれないでしょう。たしかに、〝重点化〟といっても、企業経営ほど「選択と集中」をしていくというふうにはなりにくいでしょう。しかし、優先順位を決めることや、組織的に（＝ある教職員が個人的に取り組むのでなく、学校全体として）取り組むべきことを明確にして共有していくことは、学校でもできます。そうしたほうが、限られた時間や教職員の力を過度に分散させず、〝ベクトルの和〟のように大きな力につなげていくことができます。

問題は、その〝重点化〟をどのようにして進めるかです。ここで言いたいのは、ＳＷＯＴ分析や、重要度と緊急性で4象限つくって検討するといった、個別の方法論ではありません。[(4)] それらは多少、思考の整理には役立つときもあるでしょうが、それらを行ったからといって、優先順位の高いことを浮かび上がらせることはできません。

重要なのは、**〝重点化〟と言ったとき、ほとんどの人は取組ないし施策の重点化をイメージしますが、それをやるためには、課題が重点化されていなければならない**、ということです。

たとえば、次ページ図表7-1のように、「家庭学習の時間が少ない」という問題について考えてみましょう。この課題はなにでしょうか。言い換えると、家庭学習の時間が少なくなっている原

【図表7-1】課題の検討、重点化の例

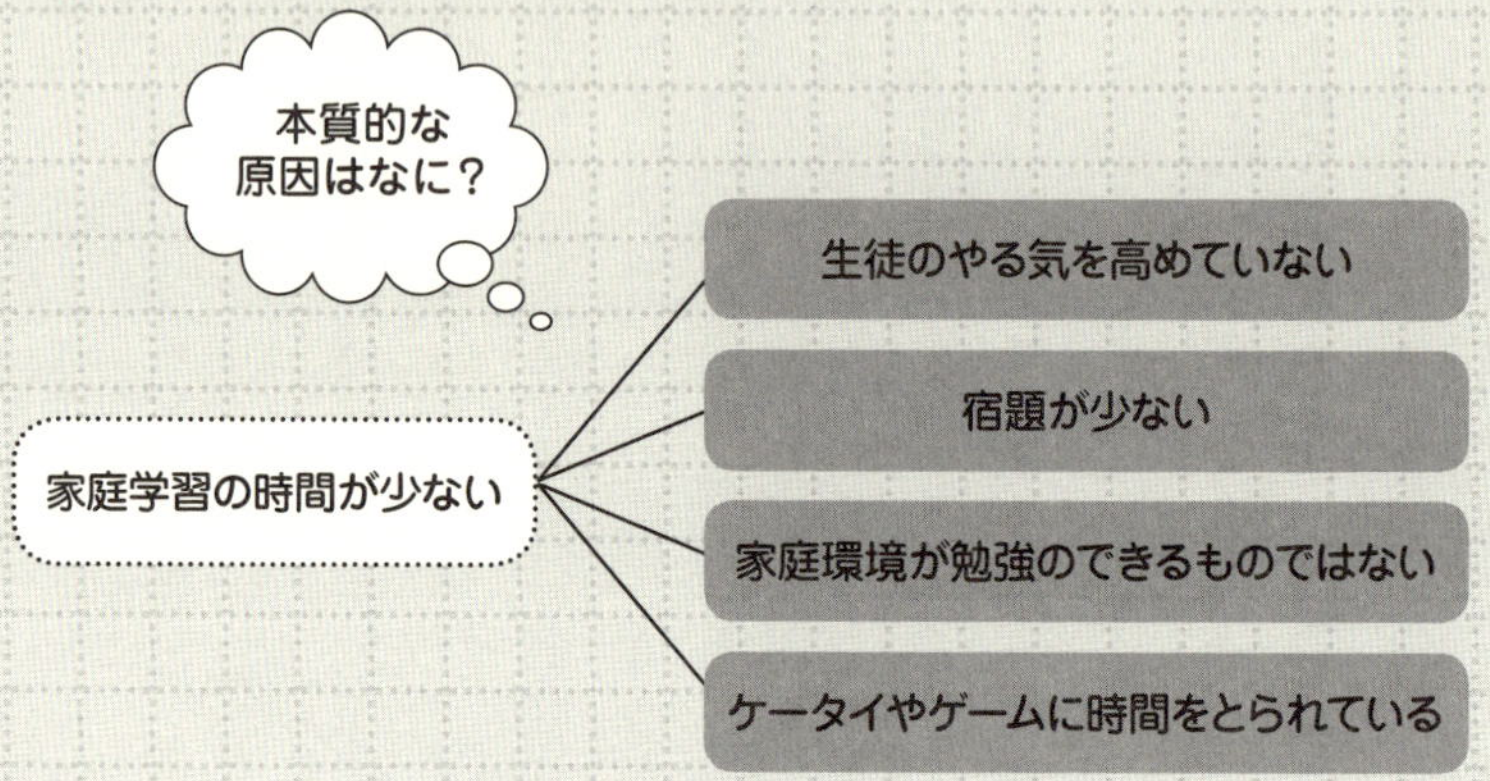
本質的な
原因はなに？
家庭学習の時間が少ない
生徒のやる気を高めていない
宿題が少ない
家庭環境が勉強のできるものではない
ケータイやゲームに時間をとられている

因のうち、もっとも本質的なもの、あるいはもっとも影響の大きなものはなんだと思いますか？

この課題の捉え方によって、取組や施策がまったく異なってきます。たとえば、「宿題が少ない」という点を課題と捉えると、宿題を増やしたり、生徒がもっと多くの量の宿題をこなすように工夫をこらすことが対策になります。しかし、ひょっとすると、宿題の量はあまり大きな問題ではなく、生徒はケータイやゲームに時間を費やしているので、家庭学習に割こうとする時間が少なくなっているということが真の問題（＝重点的な課題）なのかもしれません。そうすると、宿題を増やすという施策ではなく、ケータイやゲームの時間を減らしていくことに取り組まねばなりません。

『良い戦略、悪い戦略』という本では、良い戦略と悪い戦略とを分けるもののひとつが「診断」にあると強調しています。「診断」とは、単なる状況説明では終わらず、何が本当の問題なのかを理解することを指し、優れた診断ができれば解決に向けてどのような行動が必要なのかが見えてきます。[5] つまり、ここでも、取組の焦点化を図る前には、課題の適切な理解が出発点にある、と言っているわけです。

■〝思い〟と〝データ〟の両方を大切に

課題を重点化したり、それに応じた施策（取組方策）を立案したりする際には、何を参照するべきでしょうか。課題と施策の重点化を検討するステップは、次の4ステップに分かれます。

①目指す子ども像を設定します。どんな子ども、そして将来の大人に育ってほしいのかという点についてです。

②その子ども像を実現するために、どのような学校にしたいのか、どのような教育をしたいのかという目指す教育についてのビジョンを設定します。

③現状ないし将来の課題を特定します。現状や将来の問題点の本質的な原因を見極めることです。または、現状と将来の学校の強みやチャンスを捉えて、それをどこに力を入れて伸ばしていくかという課題認識が重要である、と捉えてもよいでしょう。つまり、なにも悪いことを解決するという発想（「ギャップ・アプローチ」と呼ばれます）だけではなく、よいことや魅力をよりよくしようという発想（「ポジティブ・アプローチ」）でもよいのです。

④上記の重点的な課題に対応する重点的な取組、施策を定めます。

しかし、多くの学校の現状はどうでしょうか。①、②の目標が漠然としている（または目標とは呼べない）ことに加えて、③の課題認識もあいまいなケースが多いため、施策は多方面に分散してしまいます（次ページ図表7-2）。たとえると、弓道を思い描いてください。どの的にどのくらい的中させたいのかという目標が漠然としていて、かつ、自分の立ち位置も揺らいでいる、そんな中でまともな矢が射れるわけがありませんし、多く射ろうとしても疲れるだけです。

もうひとつ重要なポイントがあります。それは、①目指す子ども像や②目指す教育についてのビジョンは、客観的なデータを眺めるだけでは出てこず、人の〝思い〟なり主観が強く影響します。一方で、③課題認識については、〝思い〟も影響しますが、思い込みで考察するのではなく、客観的な〝データ〟（数値で測ることができるものであれ、数値化が難しい情報であれ）をもとに考察することも大事です。つまり、当たり前ですが、**〝思い〟と〝データ〟の両方を活用することが、課題の重点化と施策の立案には重要**となります。どちらか一方ではないのです。

しかしながら、学校の現状では、〝思い〟の部分もあいまいであるし、〝データ〟もあまり参照せず、なんとなくで（副校長・教頭一人が思いついたことを計画にしたり、あるいは前例をコピペしたりして）施策をつくっているケースが多いのではないしょうか？

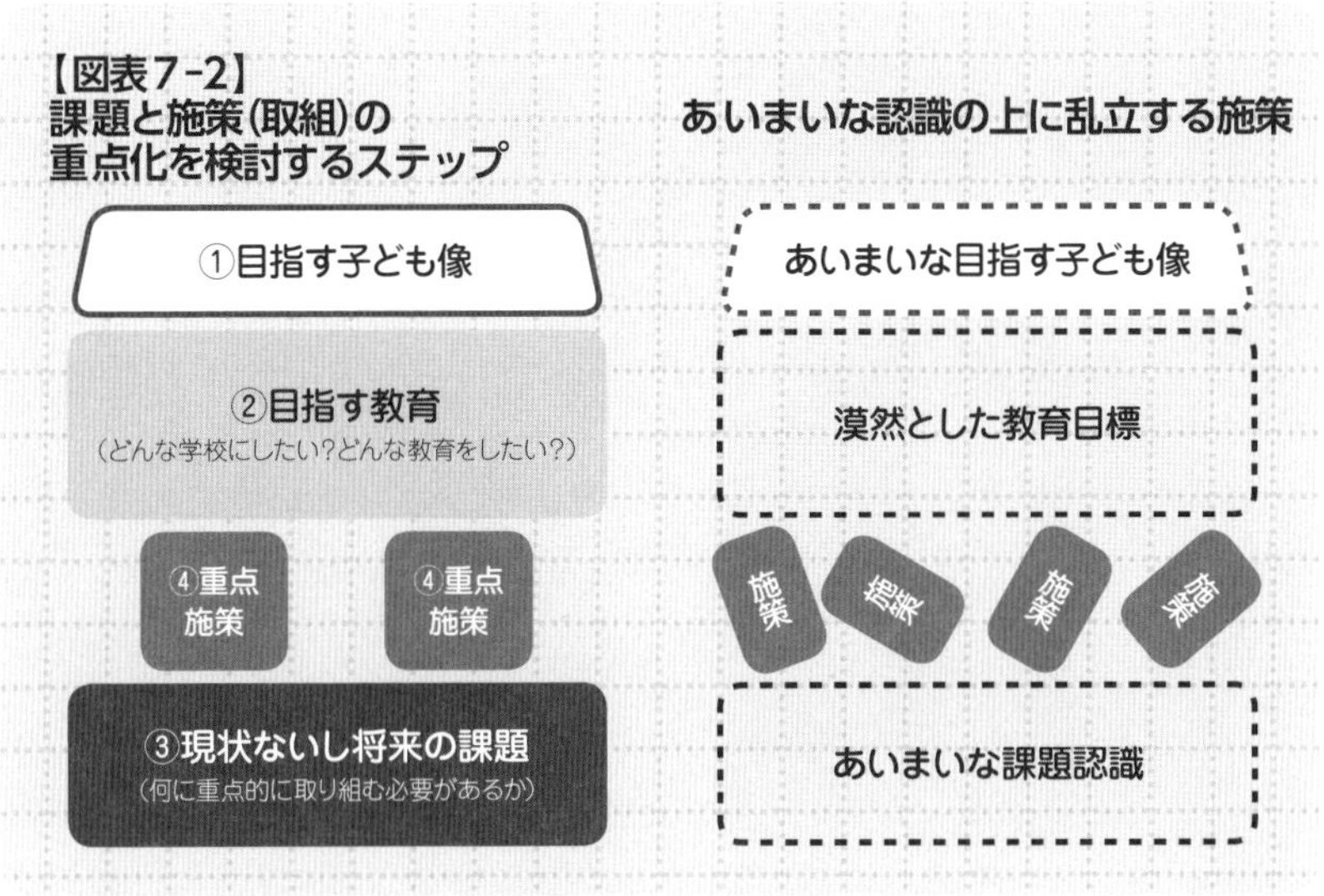

【図表7-2】
課題と施策(取組)の
重点化を検討するステップ

■課題と施策の重点化には、教職員の知恵と情報を活かせ

では、どのようにして、施策（取組）の重点化とこれに先立つ課題の重点化を進めていけばよいのでしょうか。〝思い〟と〝データ〟の両方を参照していく際に重要となるのが、個々の教職員の知恵と情報です。

いくつか注意が必要です。一つは、校長室にいても、得られる情報は限られているという事実です。企業においても、著名な経営者や好業績の経営者には〝現場が好き〟という人が多いようです。言うまでもなく学校では、一番の現場とは教室・授業です。私のこれまでの観察からも、活気のある学校では、校長をはじめとする管理職がよく個々の教室のことを把握しています。視察に行くと、子どもたちから校長等が声をかけられる頻度と自然な感じが、通常の学校とは大きく違います。

〝MBWA（Management by Walking Around）〟という言葉があるのをご存じですか？　直訳のとおり、歩き回りながら、情報を収集してマネジメントすることを指します。学校の場合、ほぼ毎日校内巡回している校長は小学校の65％、中学校の55％、公立高校の31％に過ぎず、廊下から教室を見るくらいであることも多いのが実態です。(6)　校長は重要な情報をキャッチできているでしょうか？

次に、校長の思いや課題認識は大事ですが、現場の課題やこれからの社会・学校をめぐる環境変化と離れていないだろうかというチェックも欠かせません。他方、教職員は、どうしても目の前の児童・生徒のことで一生懸命なので、学校全体の視点や中長期的な思考が弱い傾向にあります。

ビジョンや戦略をつくるときには、企業においても、〝鳥の目〟と〝虫の目〟の両方から検討することが重要と言われています。〝鳥の目〟は鳥瞰的な視点という意味で、物事が起こっている事象から少し距離を置いて、全体を意識しながら検討することです。〝虫の目〟とは現場目線であり、目の前のことを詳細に検討することの比喩です。どちらか一方のみでよいという世界ではありません。以下では、教職員の知恵と情報を活かして、課題と取組を重点化した例を紹介します。

◎ケーススタディ（鳥取県岩美町　町立岩美中学校）

岩美中が町に唯一の中学校でありながらも、地域住民から〝陸の孤島〟と揶揄され、学校の取組が地域にほとんど伝わっていなかった状況があったことは前述しました。戸田倫弘校長（当時）は、学校を成果志向にし、学校のがんばりを地域に伝えていくようにしていきます。その梃子として、組織マネジメントに注目しました。しかし、改革当初は校長が細かな目標や取組まで決めていき、教職員が目標に十分に理解しないまま取り組むことになり、校長が異動すれば、すぐトーンダウンしてしまいようなものとなっていました。

そこで、同校は、２００８年度から教職員のアイデアを引き出し、実行力を持って目標を遂行できるミドル・リーダーの育成を重視するようになります。具体的には、どのような教育を行い、どのような子どもを育成するかというビジョンと重点的な課題については、校長が示しますが、これらを受けた具体的な目標と取組は、校務分掌のチーム単位で教職員の知恵と情報を活かして、教職員のディスカッションにより立案していくように切り替えました。

こうした岩美中学校の取組のなかで、重要なポイントとして、少なくとも4点あげることができます。

第一に、教職員に丸投げするのではなく、校長を中心とする管理職が方向性の提示と目標をチェックする役割を果たしていることです。これは一見当たり前のように見えますが、美辞麗句や総論賛成・各論反対的な表現で学校経営計画を作成せず、管理職が中身をつっこんで確認するという緊張感が、教職員にもよい影響を与えていると思います。

第二に、若手・中堅も含めて教職員に役割を与え、少しずつ成功体験を積ませていることです。教育活動や学校の組織運営の成果は、生徒の姿に現れます。分掌のなかで取り組んだことが生徒の様子としてフィードバックされれば、教職員のモチベーションにつながります。こうした好循環をいかに創り出すかに岩美中では注目しています。

第三に、学年や教科の壁を乗り越えて、横断的に取り組んでいることです。一つの学年の教科を必ず複数の教員で担当させたり、従来からあまり変更がなされていなかった分掌組織について、学校評価結果を参考に改編するなどして、学校全体が組織として取り組みやすくしました（たとえば、地域との連携に関わる分掌組織を明確にする等）。

第四に、組織目標管理と個人目標管理の連関です。つまり、学校全体の計画、分掌の計画、個人の計画がバラバラではなく、それぞれ参照してつくっており、また、進捗状況を確認しています。

■家庭や地域にできることを含めて設計する

学校の取組、教職員の頑張りどころのみをデザインするだけでは、多忙化している現実がある中、十分とは言えません。家庭や地域にできることを含めて考えていく必要があります。

しかし、これは簡単なことではない、ということは多くの教職員や学校関係者の実感でしょう。地域等との連携の必要性や効果を粘り強く関係者（保護者や地域住民に加えて、学校内の教職員にも）に納得が高まるよう話していくこと、そして、家庭や地域ができるところから、スモール・ステップから進めて、実際の効果を実感できるようにしていくことが重要です。

◎ケーススタディ（東京都三鷹市　市立第四小学校）(7)

1999年に第四小学校に校長として赴任した貝ノ瀬滋氏は、「夢育の学び舎」構想を提唱しました。「夢育の学び舎」構想とは、教職員、保護者、地域住民が一体となり子どもを指導し支援する学校づくり、〝子どもの夢を育む学び舎=夢育の学び舎〟をつくることを指します。

一般的に、公立学校の教職員は、定期的な人事異動により継続的に教育指導に専念しにくい課題があります。そこで、保護者や地元に根ざした活動を行う地域住民がボランティアとして学校の活動に参加することによって、各人の専門性を生かしながら、地域で子どもの成長を後押しする体制を確立しようとしたのです。

こうした開かれた学校づくりに向けて、同校は具体的な最初の手だてとして「教育ボランティア」制度をつくりました。教育ボランティアは大きく二つの役割（種類）にわかれます。

①コミュニティティーチャー（専門的な知識や技術を生かし、教員と協力して授業を行う。栄養士が健康と栄養について話すなど。）
②スタディアドバイザー（授業などのさまざまな教育活動の指導補助として活躍する。算数の指導補助など。）
③きらめきボランティア（家庭や地域の人々が趣味や特技を生かして指導する課外の選択クラブ活動。ＰＣクラブ、吹奏楽など。）

今では三鷹市は学校と地域との連携で全国的に有名な地域のひとつですし、貝ノ瀬氏というとカリスマリーダー的なイメージをもつ方も少なくないと思いますが、校長一人がやる気になるだけでは、大きな動きになりません。当時、彼は粘り強く、丁寧に周囲を説得してまわりました。教員には夏休みの日直制度を利用して一人ずつ説得を試みたそうです。実際のエピソードを引用します。

一般的に教員は、三鷹に限らず、自分の授業を見せるのを嫌います。「教育が管理される」とか「子どもが落ち着かなくなる」などという理由で反対する声もありました。しかし時代は、学校に限らず、オープンマインドで、透明性を高めていくことがよい仕事をする絶対条件になっています。まして学校や公教育は、地域の皆さんの税金でまかなわれており、地域の財産でもあります。そのため私は、「いつでもどうぞ」という気持ちで環境を整えていく必要性があることを1人ひとりに話しました。

（引用者注：保護者や住民への）説明会で最初に手が上がったのは、反対意見でした。「勉強を教えるのは学校の先生の仕事で、それを保護者に手伝ってほしいと言うのはおかしい。学校の責任放棄ではないか」と。

そこで、私は「教員はやるべき仕事を１００％行います。そこを減らして皆さんに手伝ってもらおうというのではありません。皆さんから20、30の力をいただいて、１２０、１３０の教育を目指したいのです」とお話しました。

もう一つお伝えしたのは、私の信念のようなものなのですが、保護者の方々も地域の方々も、直接的、あるいは間接的な教育の当事者なのだということです。たとえば、地域が荒れれば、学校も荒れます。その地域に住んでいる子どもたちは、当然影響を受けます。だから全く無関係ではないのです。いい地域には、いい学校があり、いい学校はいい地域をつくります。

このようにして、教職員にも保護者・住民にも、地域等との連携の意味、理由を丁寧に共有し、共感する人や応援する人を増やしていったことが、「夢育の学び舎」構想を具現化するうえでのポイントとなりました。今では、四小の教育にかかわるボランティアは、年間で延べ約2，000人以上、ボランティア登録者は150名を超えています。また、教育ボランティアが参画・支援する内容も高度なものも含むようになってきました。スタディアドバイザーには、時には指導計画づくりの段階から参画してもらい、アドバイスをもらうこともあるそうです。

■劣後順位、やらないことを決める

前節の「家庭や地域にできることを含めて設計する」ことに加えて、学校が抱えるたくさんの業務を少しでも減らしていくことが「プロセスのデザイン」では重要となります。優先順位だけではなく、**〝劣後順位〟、つまりやらないことを決める**ということを実践した事例からヒントを得ます。

◎ケーススタディ（東京都杉並区　区立和田中学校）

和田中学校で藤原さんの後任として民間人校長として赴任した代田昭久さんの著書『校長という仕事』(9)では、代田さんの5年間の校長経験からの学校マネジメントの要諦がつぶさに書かれています。

本書で書かれているのは、民間人校長だったからできたことではありません。ヨソモノだったからこそ、少し距離を置いて観察できたり、気づいたりできたことを踏まえながら、汎用性の高い方法や考え方を提案しています。

興味深いのは、やらなかったこと、やめたことを書いていることです。代田さんも紹介しているように、ドラッカーは**「優先順位の決定は比較的容易である。…劣後順位の決定、すなわち取り組むべきでない仕事の決定と、その決定の遵守が至難だ」と述べています。**(10)

たとえば、和田中では、授業力向上のための校内研修をやらないようにしました。月に1、2回の研修よりも、もっと日常での準備が大事だとの考え方からです。代わりに、1コマ50分授業を45分に短くしてういた時間を活用して、朝の脳トレを習慣化したり、携帯やテレビ、ゲームの時間を抑制するよう、具体的なデータを示しつつ保護者や生徒に粘り強く啓発したりすることで、学力向上を図ったそうです。

これには賛否あろうと思います。校内研修が個業となりがちな教員のノウハウ、暗黙知を可視化・共有し、チームワークを高めていける場となるケースもあるからです。

また、同中では、休日の部活動や地域の活動を教員は手伝わなくてよいことにした、という点も劣後順位をはっきりさせた好例です。その代わり、学校支援地域本部という場での保護者や住民の活躍や企業から有料で派遣してもらったスポーツ指導員の部活での活用などを進めていきました。代田さんは言います。「私は、これからの休日の部活動の在り方として、学校の部活動と切り離し、地域スポーツ活動として育んでいくべきだと考えています。現状、教員の情熱とボランティア精神によって支えられている部活動は、いずれ破綻してしまいます」。

■その会議や書類、教材は必要か？

現在、学校が、教職員が当たり前のようにやっていることで、本当はもっと省力化できるのではないかと、私が考えていることは4点あります。ひとつは、先ほど紹介した部活動です。二つ目は、会議の精選です。前述の栃木県の教員への調査によると、多忙感の軽減のため校内で改善の余地があることとして、「会議・打合わせ」との回答が46・2％でもっとも高い状況です。また、私は教職員の方から次のような声をよく聞きます。

・無駄な会議が多いのではないか。情報共有のためだけの会議も多く、意見交換や議論をしたいわけでもなく、会議の目的がはっきりしていない。

・メールなどで共有すれば済む話であっても、パソコンやメールを使わない（＝使えない）先生がいるということで、すべての内容を職員会議で読み上げる。

実際、私が本書で好事例として紹介している学校の多くでは、会議を見直すことで少しでも他に振り向ける時間をつくったという事例があります。たとえば、民間人校長として横浜市立の中学校に赴任した平川理恵さんは、学校での会議の無駄に注目しました。(11)

会議のアジェンダ（検討課題、議題）についても、会議当日その場で配られて、全員が初めてそこで目を通すというスタイルが敷かれていましたが、これも私にとっては信じられないことでした。その日その場で初めて見て考えるから、時間だけが無駄にダラダラとかかって要領を得ない会議に終始してしまうのです。

見直しのポイントの三つ目として、対応する書類の多さです。これは学校での努力に加えて、国や教育委員会などが取り組むべきことでもあります。平川さんは、学校には国や市役所、教育委員会等から1日に50～１００ものメールが届き、文書を把握したり、アンケートや調査に答えたりしなければならないこと、アンケートや調査は年間２００～２５０にも及ぶこと、そのアンケートや調査の中には子どもたちのために活用されている実感を伴わないものも少なくないことについて、問題提起しています。(12)

藤原和博さんは、和田中校長時代に、学校基本調査のような必ず回答する必要がある文書を除いて、「他の学校との比較データがほしいときだけ、アンケートに答える」という基準を設け、それ以外のものには答えないようにしていたそうです。(13) 彼のようにはできないという感想をもつ読者も多いと推察しますが、基準を設けて書類の仕分けをするという発想は参考になるのではないでしょうか。そして、その基準づくりと運用は、学校単独ではなく、教育委員会の協力が不可欠です。

最後に四つ目として、教職員による自前の教材開発や補習がどこまで必要かという点についてです。本章の「プロセスの設計」の重要なポイントは、学校のウチとソトの資源をもっと活用した取組をデザインして実践するべきだという点です。三つの段階に分けて考えましょう――①自身が属する学校の中、教職員間の連携、②近隣校や接続校（中学校であれば進学してくる子がいる小学校や進学先の高校）などの複数の学校、教職員の連携、③地域や外部の資源との連携です。

教材開発や授業準備については、①や②が行いやすく、かつ教育のプロ同士によりますから、効果も見込める取組です。さらに最近では、ＩＣＴやインターネット上のコンテンツを活用したり、学習塾と連携したりすることで（つまり、③のパターン）、教材開発や授業準備に活用する例も現れてきました。

補習については、地域との連携により進める例が多くなってきたことに加えて、最近ではインターネット上のコンテンツを活用したり、学習塾と連携したりする例も現れてきました。たとえば、「eboard」はインターネット上で誰でも無料で動画をもとに学習でき、不登校の子の学習支援にも大きく寄与しています。「受験サプリ」は大学受験向けの民間サービスで、予備校人気講師らの動画を見ながら学習できます。近隣に学習塾がない地域の子たちにも評価されているようですし、最近では、約７００の高校と連携し、学校のＰＣ教室で放課後補習に活用する例なども出てきています。(14)

■子どもも教員もわくわくする授業―異種のものを組み合わせることから

次に、「プロセスの設計」の興味深い取組を紹介します。ここでは、複数の教科や単元を組み合わせることで、総合的な学習を実践しています。学校や学校外のネットワーク先の強み、時間を組み合わせることで、１＋１＝２以上の教育効果を出している取組と言えるでしょう。

◎ケーススタディ（神奈川県横浜市　市立市ヶ尾中学校）(15)

市ヶ尾中では、いわゆる〝よのなか科〟という、実社会のことから考え、学ぶ場を設ける授業を行っています。総合的な学習の時間が指導要領上削減され、そうした授業を行うのが難しくなる中、複数の教科を組み合わせて、よのなか科の授業に編成しなおす工夫を行いました。掃除機で有名なダイソンの出張授業では、中学2年生の国語×理科×技術の3教科を活用しました。「ものづくり」について学び、生徒は日ごろの生活のなかであったらよいなあという製品についてのアイデアを出す時間、生徒は実際にパーツを組み合わせて製品をつくる時間、つくったものについてプレゼンテーションする時間など、3教科各々で扱いたいことをうまく連関させたのです。

同校の教務主任は外部講師による授業についてこう話しています。「何より、私たち教師自身も勉強になるし、知識的にも、人間としても幅が広がります。たとえば、横浜動物園ズーラシアの獣医さんや飼育員さんが草食動物と肉食動物の頭蓋骨や皮を持って説明された時は、他の理科教師の目がキラキラしていました」。

教員がわくわくする授業は、生徒にとっても好奇心が刺激される授業でもありましょう。実際、横浜市の学力調査結果（平成23年度、24年度）によると、市ヶ尾中の生徒の学習意欲は大きく伸びています。

あなたの学校ではどうでしょうか？　総合的な学習の時間の削減に伴い、本来その学習でねらっていたことを後回しにしている（扱わなくなっている）のではないでしょうか？　市ヶ尾中の取組では、生徒たちが主体的に、自立的に学ぶプロジェクト型学習を進めるという戦略に則って、ダイソンや動物園の出張授業のような工夫が生まれました。戦略に沿った具体的なプロセスを、複数のものを組み合わせることでデザインできるかどうか、また、外部とのネットワークを構築して活用できるかどうかが、大きな違いを生むと考えられます。

実際、世の中で**イノベーティブな（革新的な）こととされているものの多くは、組み合わせの中で生まれています。**

■1年単位のPDCAで本当によいのか？

最後に、「プロセスの設計」の見直しをどのようにしていくかについて述べたいと思います。

学校では「年度末反省」と呼ばれ、年度に1回振り返りの場をもつということが通例でした。学校評価の導入後は、毎学期に1度アンケート等をとって振り返る場をもつような学校も増えてきているようです。しかし、年度末の反省や評価では1年でもっとも多忙な時期と重なり、あまり課題の分析や改善策の立案に時間をかけられません。

加えて、1年に1回改善していても、目の前の子どもたちはもう同じ学年で過ごすことはできません。ビジョンと課題に応じて、年間やより中長期に見ていくべき取組もありますが、あまり考えなしに、年に1回チェックし改善策を練るという発想でいるとしたら、それはとても悠長と言えます。

岩美中などでは、生徒の夏休みや冬休みなど、教職員が集まる比較的まとまった時間を多少でもとれるときに、研修を兼ねて、定量的なデータとそうではないデータを併せて参照しつつ、その学期の振り返りを行い、次の学期等に向けて軌道修正を図っています。

話は少し変わりますが、読者のみなさんはコンビニに行くと、棚に置いてある飲料等が度々変わっていることに気付くと思います。これは、日々売上実績などのPOSと呼ばれるデータ等をもとに、売れやすいと思われるものに入れ換えているからです。たとえば、近隣で運動会がある日にはオニギリやサンドイッチが売れるのではないかと考え、多めに置いて、その結果をみて、また次の行事のときに活かしていいます。このように短いサイクルで仮説・検証を繰り返す中で、コンビニのサービスは進化し続けているのです。

もちろん、学校とコンビニは違います。また学校では、日々の授業や生徒指導等の中で児童・生徒の反応を見ながら、見直しを図っていることも多いことでしょう。しかし、学校経営計画などで掲げた重点的な取組について、下手をすると1年間終わった後でしか真剣に軌道修正を図ろうとしないというのは、やはり遅いと言えます。課題や取組の内容に応じて、年度単位ではない振り返りの機会をもつことも、「プロセスの設計」では重要となります。

(1) 同町教育委員会へのヒアリング調査のほか、武泰稔編著（2011）『「学校力」を培う学校評価　矢掛町の挑戦』三省堂。
(2) 沼上幹（2003）『組織戦略の考え方』筑摩書房、p.19〜23。
(3) 東京都公立小中学校 校務改善検討会議（2012）『小中学校の校務改善推進プラン』、p.8。
(4) SWOT分析では、自校の強み（S：今後も伸ばすべき点）と弱み（W：克服すべき点）、外部の環境として、機会（O：将来予想される環境変化のうちポジティブなもの）と脅威（T：将来予想される環境変化のうちネガティブなもの）を整理します。そのうえで、「機会」を活かして「強み」をさらに伸ばしていく積極的活用と、「脅威」に備えて「弱み」を克服する改善・対応策などを議論します。現状分析に加え、将来の環境分析をセットで検討する思考方法のひとつであり、その検討を通じて学校が取り組むべきことをリストアップすることはできますが、これを行ったからといって、取組がただちに重点化できるわけではありません。
(5) リチャード・P・ルメルト（2012）『良い戦略、悪い戦略』（村井章子訳）日本経済新聞出版社、p.113。
(6) 国立教育政策研究所『教員の質の向上に関する調査研究報告書』2011年。
(7) 貝ノ瀬滋（2010）『小・中一貫コミュニティ・スクールのつくりかた』ポプラ社、p.62〜67、NPO法人夢育支援ネットワークHP（http://muiku.info/index.php?FrontPage）。

(8) その後三鷹市教育長を長く務められ、２０１５年3月現在は三鷹市教育委員会委員長。
(9) 代田昭久（２０１４）『校長という仕事』講談社。
(10) ピーター・ドラッカー（２０００）『プロフェッショナルの条件』（上田 惇生 翻訳）ダイヤモンド社、p.１４２。
(11) 平川理恵（２０１４）『あなたの子どもが「自立」した大人になるために』世界文化社、p.88。
(12) 平川理恵（２０１４）、前掲書、p.１７７~１７８。
(13) 藤原和博（２０１４）『藤原和博の「創造的」学校マネジメント講座―「マネジメント」で学校と地域を動かし活かす』教育開発研究所、p.63~64。
(14) 受験サプリを企画し運営するリクルート・マーケティングパートナーズ、山口文洋氏の講演（政策分析ネットワーク、２０１４年９月６日）、東洋経済オンラインでのインタビュー記事（２０１５年９月１日）toyokeizai.net/articles/-/81854。
(15) 平川理恵（２０１４）、前掲書、「『学習する学校』で子どもも大人も学び子どもの学習意欲と教師・地域の活力向上：神奈川県横浜市立市ケ尾中学校」「総合教育技術」２０１４・５。

第8章　組織力を高めるデザインと実践③

チーム・ネットワークづくり

十分な資金をもつことはもちろん大事だ。
しかし財源よりも重要な要因がある。
人々が互いに信頼し、
一緒に効果的に働く環境を
どう生み出すかを知っているかどうかである。
―ピーター・M・センゲ他（教育学者・実践家）―

■チーム・ネットワークづくりとは何か

本章では、三つ目の「チーム・ネットワークづくり」のポイントについて解説します。「到達目標の共有」や「プロセスの設計」ができても、それらを具体的に実践していく教職員が組織的に動けるようになっていなければ、また、動こうと動機づけられていなければ、計画は計画のまま、評価・振り返りはやったきりとなってしまいます。PDCAサイクルでいうと、循環せず、Plan→Planと行ったり来たりするような例、またはCheckのためのCheck（評価が自己目的化している）となっている例は、油断していると、学校に限らず、どの組織にも起こります。

一方、教職員の1人ひとりの多くは忙しい毎日です。多くの人は児童・生徒のためと思って頑張っているのが現実ですから（この〝児童・生徒のため〟というのが魔法の言葉となって、多忙化を悪化させてもいるのがやっかい）、モチベーションを上げて、生産性を上げることで対応するべし、との主張はかなり乱暴でありましょう。

教職員1人ひとりの能力や生産性を向上させることの重要性を私も否定しません。しかし、平行四辺形の図（第3章）で示したように、個人力というベクトルに加えて、組織力を高めることに学校はもっと自覚的であるべきです。教職員は個人商店のような行動ばかりをとるのではなく（時には臨機応変にそうした行動も必要でしょうが）、チームとして取り組んでいくことが重要となります。また、学校のウチではなく、ソトともつながり、地域の力を授業や学校の教育活動、組織運営に活かしていくことが重要となります。

アメリカの教育困難校での実践を経て、次のことが言われています。(1) 学校や教育を取り巻く環境に差はあれ、日本でも同じことが言えるのではないでしょうか。

> 十分な資金をもつことはもちろん大事だ。しかし財源よりも重要な要因がある。……（中略）……どんな変革においても言えることだが、**最も重要な要因は、人々が互いに信頼し、一緒に効果的に働く環境をどう生み出すかを知っているかどうかである。**

■教職員間の協力関係が重要なのは国際的な常識

ＯＥＣＤ国際教員指導環境調査（ＴＡＬＩＳ ２０１３）では、教員の「自己効力感」についても分析しています。これは教員への質問で、あなたの指導においてどの程度できていますかと聞き、「非常によくできている」「かなりできている」と回答した教員の割合を指しています。

日本はこの値が参加国平均と比べても著しく低いことがわかりました。たとえば、「生徒がわからない時には、別の説明の仕方を工夫する」のは日本では54・2％、参加国平均は92・0％、「勉強にあまり関心を示さない生徒に動機づけをする」のは日本では21・9％、参加国平均は70・0％など。

日本の教員が世界一多忙であることに加えて、もっとも自己効力感も低いということが(2)報道されました。

さらに、この調査では「③チーム・ネットワークづくり」に関して、興味深いデータも明らかとなりました。**教員の自己効力感は同僚との協力関係が高いほど高くなる**という傾向が、すべての調査国・地域で統計的に有意に出ているのです。[(3)] 教職員が自信をもてるよい教育をしたければ、職場のチームワークを考えていかなくてはならない、ということは国際的な常識というわけです。

もっとも、〝馴れ合い〟、〝仲良しクラブ〟などと言われるように、職場での人間関係の強さは、必ずしも、組織のパフォーマンスを高めることにつながるわけではありません。では、どのようなチームづくりが必要でしょうか？　2点紹介します。

第一に、日本企業の研究において、職場での関わり合いの強さ（自分の仕事と同僚の仕事との相互依存度や職場の目標の明確性など）が大きいほど、従業員が相互に助け合ったり、より生産性があがるように自律的に創意工夫を行ったりする行動をとりやすくなる、ということを実証したものがあります。[(4)] 学校についても同じことが言えるかどうかは、要検証ではありますが、到達目標の共有が重要なこと、また職場での関わりの合いを強くしていくような仕掛け（校務分掌の活性化等）が必要なことを示唆しています。

第二に、「学習する組織」あるいは「学習する学校」という概念で提唱されているように、職場において同僚から学び合う関係をつくっていくということが、チームづくりには重要です。[(5)]

■「ピア・レビュー」から始める

このような職場での関わり合いや学習する関係を強くしていくことについて、少し別の角度からも見てみたいと思います。

学校評価の活動の中で、保護者や住民の意見を聞いたり、アンケートを実施したりすることがあります。納税者でもあるし、これから地域で長く子どもたちと関わっていく保護者・住民らの意見等は大事ですが、保護者・住民らは学校の活動や教育について必ずしも詳しいわけではなく、言わば素人です。素人だからこそ気づく有益なことや社会人としての経験等から貴重なアドバイスができる部分も大いにありますが、授業をはじめとする教育活動については、そう簡単にはわからないし、アドバイス等もできないのが現実です。

しかし、保護者や住民からのアンケート結果等を見て、教職員が一喜一憂するようなシーンが多々見受けられます。また、そもそも保護者や住民に聞くことが適切なのか疑問であることをアンケートしているような例もあります（たとえば、授業の進行速度が適切かどうかは、学習指導要領を読んだこともない保護者等にとっては判断しづらい設問です）。地域に開かれた学校づくりが重要だとはいえ、盲目的に保護者・住民等の意見を聞こうとする姿勢ではなく、戦略的に聞いて判断材料にしていく必要があります。

ある学校経営の専門家は、「プロ野球の選手が素振りをしている。その選手は観客席に向かって、俺のスイングはどうか？　なんて聞くだろうか？」というたとえを用いて、学校における保護者・住民等の意見を聞くことに過度に期待を寄せるのはいかがなものか、という話を私にしてくれました。

論文の査読などでは「ピア・レビュー」という言葉があります。これは、著者と同じ専門分野の専門家がその論文のよさを審査・評価するという意味です。授業や生徒指導などは、やはり、同じ専門家である教員がもっともわかるというところは多いと思います。

興味深い研究結果があります。学校経営学が専門の露口健司氏は「チーム効力感」（ある課題をうまく達成できるというチームの信念）の教育活動等への影響について、学校全体の教師集団というまとまりのレベルだけではなく、学年などのチーム単位に着目しました。(6) 小学校への調査によると、第一に、チーム効力感（ここでは学年単位で課題をうまく達成できるというチームの信念）が高いことは、児童の学力向上や保護者からの信頼構築にプラスになることがわかりました。第二に、自己効力感はチーム効力感を媒介して、児童の学習意欲などにつながることが示唆されました。つまり、ある教師が「自分はやればできる」という自信と信念（これらを自己効力感と呼んでいます）をもっていたとしても、「この学年（部）ではやっても無駄だ」と感じている（＝チーム効力感が低い）場合、教師は個業に向かってしまい、学習指導や学級経営のよい結果につながりにくいのです。**分掌や学年などのチームでの教職員の関係性が、学力向上や優れた学校経営には重要というわけです。**

「ピア・レビュー」は学校の中だけにとどまるものではありません。次の例のように、接続校の教職員で気付いた点を共有し、教育活動等に活かしている学校もあります。

◎ケーススタディ（愛知県高浜市　市立高浜中学校）

高浜中では、学校関係者評価という保護者・住民等が学校評価に参画する場を小中高連携の場としても活用しています。学校関係者評価の分科会的なものとして、専門委員会を設置しており、小学校、高校の教職員（教務主任）と有識者（大学教授とＮＰＯ関係者）がメンバーとなっています。そこでは、学力調査の結果や不登校生徒の状況などを具体的に情報共有したうえで、学校の自己評価結果を確認し、学校へアドバイスしています。

接続校の教職員が加わっているので、個々の生徒の小学校の頃の様子や環境を踏まえたうえで、中学校における支援を考察できます。たとえば、不登校対策について、生徒名で知ったうえで、その子の様子が中学校に入ってからどう変化しているか共有し、どのようなアプローチが効果的かなどをディスカッションします。学力や授業内容についても、同校を卒業後進学する子が多い高校からのフィードバックを踏まえたうえで、検討できます。

実際、高浜中では、授業づくりは組織的な取組の中核です。２０１０年度からは、教科毎にシラバスを作成しており、単元ごとにねらいを明確にしています。これは生徒にとっても、単元ごとに理解度をチェックできるものとなります。

同校でこうした取組がすぐにできたわけではありません。むしろ、数年がかりでの反省とステップの積み重ねの結果と言えます。２００２年から学校評価を導入したものの、はじめの数年間は学校運営にそれほど効果を発揮しませんでした。教職員のアンケートや保護者のアンケートの結果を見て、教職員は「この項目は、よい結果が出ている」、「この項目は、結果が悪いが仕方がない」といった結果のみに関心を払うことが多かったためです。

そこで、同校が工夫したことは数多いのですが、大きなポイントは二つあります。ひとつは、学校評価に先立ち、校長が学校運営の方向性を明確に示したことです。教職員のベクトルが合ってくるよう、校長は経営方針や重点目標を教職員に繰り返し伝える努力を行いました。この点は、前述の「到達目標の共有」と重なります。

もうひとつは、学校関係者評価の場を活用して、保護者や地域、外部有識者から学校へ助言や意見を伝え、教職員の意識を変えていったことです。これが後に接続校との連携の強化に発展していきました。

■なぜ事務職員等との「チーム学校」が重要か

学校において「チーム」と言ったとき、忘れていけないのは、事務職員や図書室の司書、保健室の養護教諭、ＩＣＴ専門員、用務員らのスタッフとの協力関係です。最近では、これらにスクールカウンセラーやスクールソーシャルワーカーらも含めて、「チーム学校」という理念が国においても検討されています。多忙化する教員の負担軽減という文脈で、「チーム学校」の必要性が語られるケースも少なくありません。しかし、私はその視点に加えて、少なくとも、次の二つの点で、事務職員等とのチームワークは大変重要であると考えます。

一つ目は、事務職員や学校図書館の司書、養護教諭らは、学級や教科を担当する教員と異なり、子どもたちにとっては評価を受ける存在ではなく、直接的な利害関係をもたない大人であるという点です。不登校やニートの若者支援などに取り組むＮＰＯ法人「育て上げネット」によると、**利害関係のない大人がそばにいることで、子どもたちは普通の教員には言ってくれないことを伝えてくれたり、相談してくれたりする**ケースがあります。いじめや不登校の問題に限らず、子どもたちにとって、事務職員等との関係づくり、つながりがもつ意味は大きいと考えられます。そして、そうした多面的な視点から、子どもの状況を把握し、必要に応じて教職員間で共有していくことは、授業や学校運営など教育活動全般によい影響を与えると考えられます。

二つ目は、一つ目とも一部重なりますが、**事務職員等は、学校内外の情報が集まる〝ハブ〟である**、という点です。事務職員には、地域の評判、保護者等からのクレーム、給食費や就学援助などの家庭の経済環境の変化（あるいはその兆し）など学校の外の情報がかなり集まります。同時に、事務職員や養護教諭は、児童・生徒の様子もある程度分かるし、教員の愚痴なども含めて、学校内の情報も自然と集まってきやすい立場にあります。

要するに、個々の教員にはない情報を事務職員等はもっており、その強みなり資源を学校運営、ひいては教育活動にもっと活かすことができます。

たとえば、事務職員であれば、休日出勤の手当や日常の出勤簿を処理します。そうした情報からは、〝この先生はこのところ休みなしで働き続けているな〟、〝出勤簿に押印できないくらい忙しいのでは〟といったことがわかるわけです。こうした情報の共有を校長等と行えるかどうかが、チーム学校を進める上でも重要です。さらに、次の事例では、学校のソトとの情報共有とネットワーク構築に事務職員が活躍しています。

◎ケーススタディ（滋賀県長浜市　市立湯田小学校）(7)

湯田小学校では２０１２年からコミュニティ・スクールを設置して、学校支援ボランティアが学習支援や行事の運営支援などを行っていますが、学校と地域とをつなげるコーディネーターの役割を事務職員が担っています。具体的には、協議会の日程や案件の調整、学校支援ボランティアの組織化と運営、イベントの企画・立案・運営、学校関係者評価への関わりなどです。

湯田小での地域とともにある学校づくりの例のひとつが「防災まちかどかまどベンチ」です。これは通常時はベンチとして、災害時にはかまどとして活用することができるもの。地域住民が基礎工事を行い、4年生の社会と総合の時間を活用して、児童がかまど作成に取り組みました。なぜこのような取組を行うことになったのでしょうか？それは4年生が「暮らしと安全」などの単元の中で、学校が避難所になることを学んでいたからです（この授業に事務職員もゲストティーチャーとして参画）。そして、「災害時に電気が止まったらどうするか？」、「学校や子どもたちで備えられることはないか？」などの課題を考えさせ、具体的な解決策を考える学習を行う中で、防災かまどベンチのアイデアが出てきたというわけです。

しかし、アイデアがよくても、設置場所や資材の調達、維持管理の方法など、考えなければならないことは山積みでした。そこに、人・モノ・金・情報を結びつける事務職員のマネジメント力と地域住民をコーディネートしていく役割が発揮されていきました。

防災ベンチは、防災訓練時にも活用していますし、また学校の取組を受けて自治会の広場などにも広がっています。

湯田小のコミュニティ・スクールでは、２０１５年度は、地域との連携を中学校区にも拡大すべく、事務の共同実施組織も活用しながら、目指す子ども像と課題の検討（熟議）、校区の小中学校の行事等を一覧できるカレンダーの発行、安全マップの作成、学校支援ボランティアのデータベース化などにも取り組んでいます。

■地域の人材の力を引き出す

学校の中のチームができてきたら、ソトにも目を向けてみましょう。公立学校の強みであり、隠れた資源は地域であるとよく言われます。しかし、これまでも「開かれた学校づくり」や「家庭・地域との連携・協働」は何度も主張されてはきたものの、学校関係者の間ではそう進んでいない、または効果を実感できないという方もいます。

理想としては、近江商人の〝三方よし〟の精神のように、学校にとっても、家庭にとっても、地域社会にとってもWin-Win-Winになれることをしていくことでしょう。これを進めるには、次の点が重要です。

第一に、目指す子ども像や目指す地域像などが共有されていること。なんとなく、連携しようでは進みません。これは、「①到達目標の共有」を思い出してください。

第二に、一つ目と関連しますが、お互いの強みと弱みをよく把握していることです。これは、弱みを補いあったり、強みを切磋琢磨したりすることを意味します。たとえば、「チーム学校」という理念の中でも提唱されているように、発達障がいの子どもへのケアやいじめ問題への対応などでは、教職員の専門性やキャパシティ（時間的な余力）では不十分であり、福祉・医療の専門家やスクールソーシャルワーカーの力を活用したほうがよいケースもあります。ここでのポイントは、弱み（苦手なところや手が回らないところ）を関係者と共有する、ということです。そうしないと、保護者や住民、専門家はどのようなことを支援したらよいのか、わかりません。

第三に、いきなり難しいことから連携しようとせず、少しずつ、できるところから手を広げていくということです。

◎ケーススタディ（神奈川県横浜市　市立東山田中学校区）

新興住宅地である横浜市の東山田中学校区は、もともとは住民と学校との結びつきはそう強い地域ではありませんでした。同区の小中学校と地域との連携をコーディネートするコミュニティハウスは、優れたスキルや経験をもちながらも学校とつながっていなかった人々が、キャリア教育からであれば、学校に入っていきやすいことに注目しました。

実践例のひとつが中学3年生に対して行う、模擬面接です。高校入試に面接が加わることになり、そのための練習として取り組んでいますが、将来就職の際にも役立つかもしれません。コミュニティハウスが担っている学校支援地域本部（地域との連携をコーディネートする場、事務局）が企画し、面接者となる企業勤務経験者などの地域住民を学校と結びつけます。おそらく、学校以外の職場経験の少ない教職員が面接者になるよりも、リアリティがあり、有益な面接となることでしょう。また、この実践は、職業経験が学校教育の中でも活きるということで、住民の中で学校活動を支援する輪が広がるきっかけにもなりました。

加えて、リクルートグループの協力を得て、中学2年生の職場体験の時に職場の方に取材をし「タウンワーク」という雑誌形式にとりまとめています。これは実際の情報誌さながらの本格派であり、リクルート社員の授業を受け、取材の仕方や雑誌の制作を学んだうえで、中学生が手がけます。

2、3日地元の職場体験に行くことは多くの学校で行っていますが、体験したことをしっかり記録して、一般の人に見せられる状態までもっていくこと、また発信するまでの編集・製本作業などもキャリア教育のひとつにしている点が、大変優れた取組と言えます。

■生徒1人ひとりを見て、必要な専門機関とつなぐ

〝チーム学校〟のコンセプトは学校のナカだけではなく、ソトともつながることを指していますが、そう簡単な話ではありません。子どもを預かっている以上、教職員は外部の人に対して、この人は大丈夫かという目で見るのも当然です。信頼関係をつくるには一定の時間がかかります。

一方で、ソトと連携するメリット、効果を教職員は実感をもてないために、地域等との連携に躊躇する例も見られます。メリットとして、子どもたちの豊かな学びや学校だけではきめ細かくできないことが実現している例も多いことは既に紹介しました。以下では、生徒の卒業後の未来の一端を支援するという観点から、珍しく、しかしとても大切な連携事例を紹介します。

◎ケースタディ（東京都　都立秋留台高等学校）

同校では第2章で紹介したように、学力や家庭に困難を抱える生徒が多く在籍しています。なかには障がいをもち、医療や福祉の専門機関による支援を必要とする生徒もいます。また、高校卒業後、進路が決まらず、いわゆるニートや非行になって社会に出ていけない子もかつては多くいました。

もちろん、教職員個々の対応力の高さも求められる学校です。しかし、同時に、教職員が内外の協力者とチームと

なって取り組まなければ、困難を抱える子たちの事態はよくなりません。〝チーム学校〟として秋留台高校が取り組んでいるプロセスには、同じような状況でない方にとっても、実に学べることが多くあります。3点紹介します。

第一に、どのような授業を行うか、全教職員の目線を合わせる仕掛けをつくっています。岡輝中の事例などもそうですが、生徒にとって、もっとも時間を費やす授業がわからなければ、学校はつまらないものとなってしまいます。秋留台高校では、「アキルスタンダード」という年間授業計画において、この科目ではこの時期に最低限ここまで教える（ここまでできるようにする）という目標を明確化しています。実技教科なども含めて全教科でスタンダードに取り組むとともに、個人の目標管理の面談などの場を通じて、実践状況を確認しています。

第二に、困難を抱える生徒の教育支援計画を作成しています。これはいわばカルテのようなもの。生徒1人ひとりに応じて、学習面や生活面での特徴と、具体的な対応策（学習面については教科ごと）を明文化します。保護者の同意を得たうえで、必要に応じて、ハローワーク、児童相談所、医療機関などとも共有し、その子の進路保障やケアのために対応しています。私は学校の取組には「情報の共有→思いの共有→アクションの共有→学習の共有」という4ステップが重要と解説しました（第6章）が、支援計画の共有はまさにこの4ステップそれぞれで活躍します。

第三に、以上とも関連しますが、**卒業後も含めた時間軸をもった仕組みづくり**をしているという点です。必要に応じて、ニート対策・就労支援等を専門とするNPO法人育て上げネットと支援計画を共有し、進路相談やキャリアカウンセリングを展開しています。

一般論として、こうした支援機関の存在を知らない子は多いでしょうし、高校を中退または卒業してしまった後は、その子が訪問してくれないと支援をスタートすることはできません。対照的に、同校の取組では、高校在籍時に生徒は外部の大人で、信頼できそうな人を見つけることができます。もし進路が決まらないまま卒業になったら、この人（または機関）に相談してみたらいいかもしれない、という関係をつくっているのです。

■地域課題にチャレンジする学校

最後に、地域とのネットワークづくりが発展し、学校づくりと地域づくりが密接に連関している実践について見ます。ひとつは何度か紹介している鳥取県岩美町のように、過疎化・高齢化が進む地域において、学校が地域活性化の拠点となっていくという事例です。もうひとつは、次に紹介するように、**地域や家庭環境に問題や厳しい局面が多くなってきている中、学校がその解決ないしケアの一端を担っている**事例です。

◎ケーススタディ（滋賀県湖南市　市立岩根小学校）

岩根小学校では、２００３年頃は授業が成り立ちにくい教室があり、また、問題行動のある児童が多い学校でした。この背景のひとつには、学びや家庭環境に重い課題を背負う児童が多いということがありました。そうした子にとっては、授業はわからないし、自分を生かせる場は少ないため、学校が面白くなかったのです。親は忙しく宿題などはなかなか見てもらえない子や、学区が広いことから家庭の送迎なしでは遠い友達の家にも遊びに行けない子も多くいました。

しかし、教職員も多忙を極め、授業を立て直すことに精一杯であり、教職員に追加的な業務や子どもとの関わりを求めることは難しい状況でした。

このような中、当時校長であった高木和久さんが注目したのが、コミュニティ・スクールでした（２００７年の研究指定から）。地域住民の協力を得て、放課後の遊びや学習支援など教職員では細かく見きれないところをサポートし

【図表8-1】岩根小学校における地域との連携の活動例

ねらい・ポイント	活　動　例
○学力や基礎的な生活習慣に課題のある子を含めて、さまざまな子を地域住民が見守りながら、サポートする。 ○ボランティアの側が子どもの役割や活躍の場を奪ってしまわないように留意する。	・子どもによる学校の掃除を地域住民が指導しながら進める。 ・「放課後教室」を設けて、放課後の遊びや学習を地域ボランティアが見守る。 ・土曜には教員OBや大学生を先生にして、低学力層の子をマンツーマンで見る。ボランティアは、その子に応じた支援方法を学校と事前と事後に綿密に相談しながら指導する。
○地域との連携のなかで、子どもたちが活躍、学習し、成長できる場を豊富に設ける。	・6年生は2日間、地域の商店で就労体験する。学びや生活に重い課題を背負う子どもには、高校中退後早く就職するケースも多いが、働く意味や大変さを考えさせる場にする。 ・子どもたちが地域のホタル祭りを企画して模擬店等を運営するとともに、4年生、6年生の授業ではホタルの生態や環境を学習する（6年生は祭りの日に学習成果を発表）。
○学校を場とした住民間の結び付きを、保護者向けのサポートにもつなげる。	・特別支援学級の児童の保護者や子育てに悩みを抱える保護者を対象に、地域ボランティアや保護者が相談にのれる場を学校内に設ける。

てもらうこと、また子どもたちが地域に出て活躍・学習できる場を多く設けることで、子どもの居場所を増やすようにしました（図表8－1）。

同小における地域との連携のビジョンは「草の根的なソーシャル・インクルージョンが機能する学校・地域づくり」というものです。「ソーシャル・インクルージョン」とは、社会的包摂と訳されますが、さまざまな困難を抱える人を社会的に排除せず、社会の構成員として迎えていくことを指します。〝草の根的な〟とあるのは、身近なところからやっていこうという思いが現れているのだと思います。私は、このビジョンにはとても共感するところがあり、公立学校らしい魅力であるようにも思えます。

一挙にこうした活動ができたわけではありません。岩根小は〝小さく産んで、大きく育てる〟アプローチをとりました。たとえば、学力の二極化の進行や厳しい家庭環境の子どもが増える中で、どのようなことが家庭や地域でできるのか、コミュニティ・スクールの会議の場を活用して議論しながら、できるところから活動内容を増やしたそうです（例：地域ボランティアを講師にしたクラブ活動の展開）。

岩根小では、学校教育を狭く捉えることなく、コミュニティ・スクールを行政分野横断的な活動を展開できる場としています。つまり、**〝学校づくり×地域づくり×人づくり〟の場（3点を相乗効果を出しながら推進する）**をつくっていると言えます。たとえば、地域の祭りを子どもたちが企画し盛り上げるとともに、子どもの学習の場にもしていくような展開を進めていますし、また、子育ての悩み等に身近に頼る先がいない保護者向けに気軽に話を聴いて貰える相談の場を学校の中に設けています。つまり、**学校づくりを通じて形成された保護者や地域住民間のネットワーク（結び付き）や信頼関係を、地域づくりや地域の人づくりにもつなげようとしているのです。**

■学校づくり×地域づくり×人づくり

いかがでしょうか？　読者のみなさんの中には、「地域づくりの一端まで学校が担うのは、やり過ぎではないか？」、「そんなことまで期待するから、教職員の多忙化が進むんだ」という疑問や批判的な見方もあることでしょう。

それに答える前に、ここで少し戦後の社会の動きを振り返りましょう。高度経済成長期、学校教育は、事業拡大する企業等へ労働力を供給する役割として機能し、企業等の側は新卒一括採用という採用慣行を続けました（教育から仕事への影響）。また、日本的雇用慣行という長期安定雇用と年功賃金のもと、企業等は家庭に対して所得を保障してきました（仕事から家族への影響）。そして、その賃金をもとに、家庭では「教育ママ」という言葉が象徴するように、主に母親が子どもの教育に多大な費用と意欲を注いできました（家族から教育への影響）。つまり、教育、仕事、家族の三者が同時に拡大し、ともに循環する構造で社会は発展してきたと言えます。(8)

しかし、高度成長期と異なり、今日ではこうした相互の関係がうまく循環しなくなっています（企業等は日本的雇用を維持できなくなっており、また家庭の間では教育にかけられる費用や時間に格差が大きくなっています）。岩根小や岩美中のように、学校づくりを地域づくりの場としていくというビジョン・戦略は、これからの公立学校と地域の未来を切り開く、ひとつの選択肢ではないでしょうか？　また、先行事例では、地域連携は必ずしも教職員の多忙化を加速させるものではありません。もちろん、さまざまな調整などの手間はかかるのでしょうが、学校が地域づくりへ貢献するという流れに加えて、地域が学校づくりに貢献するという双方向が生まれるため、教職員のみでは手が届きにくかったような教育活動ができるようになり、その結果として、教職員が行う教育活動の点でも助かっている、という側面もあります。

これまで見てきた事例からわかることを、少し手順を追って整理します（次ページ図表8-2）。まずは、本書で何度も繰り返してきたように、学校の〝ウチ〟を固めること、言い換えれば、学校内の組織力を高める取組をしていくことが基本となります。そのためには、三つの視点、①到達目標の共有、②プロセスの設計、③チームづくりを少しずつでも進めていくことです。次に、学校が地域との接点をもつこと、平たく言えば、顔見知りを増やすことがネットワークづくりにつながります。

その後には、地域との連携・協働を小さなことからでも取り組んでいくことが、地域と学校相互のつながりを深め、また広げることになります。はじめは、校庭の掃除や児童・生徒の交通安全活

【図表8-2】学校づくりと地域づくりが連関するステップ

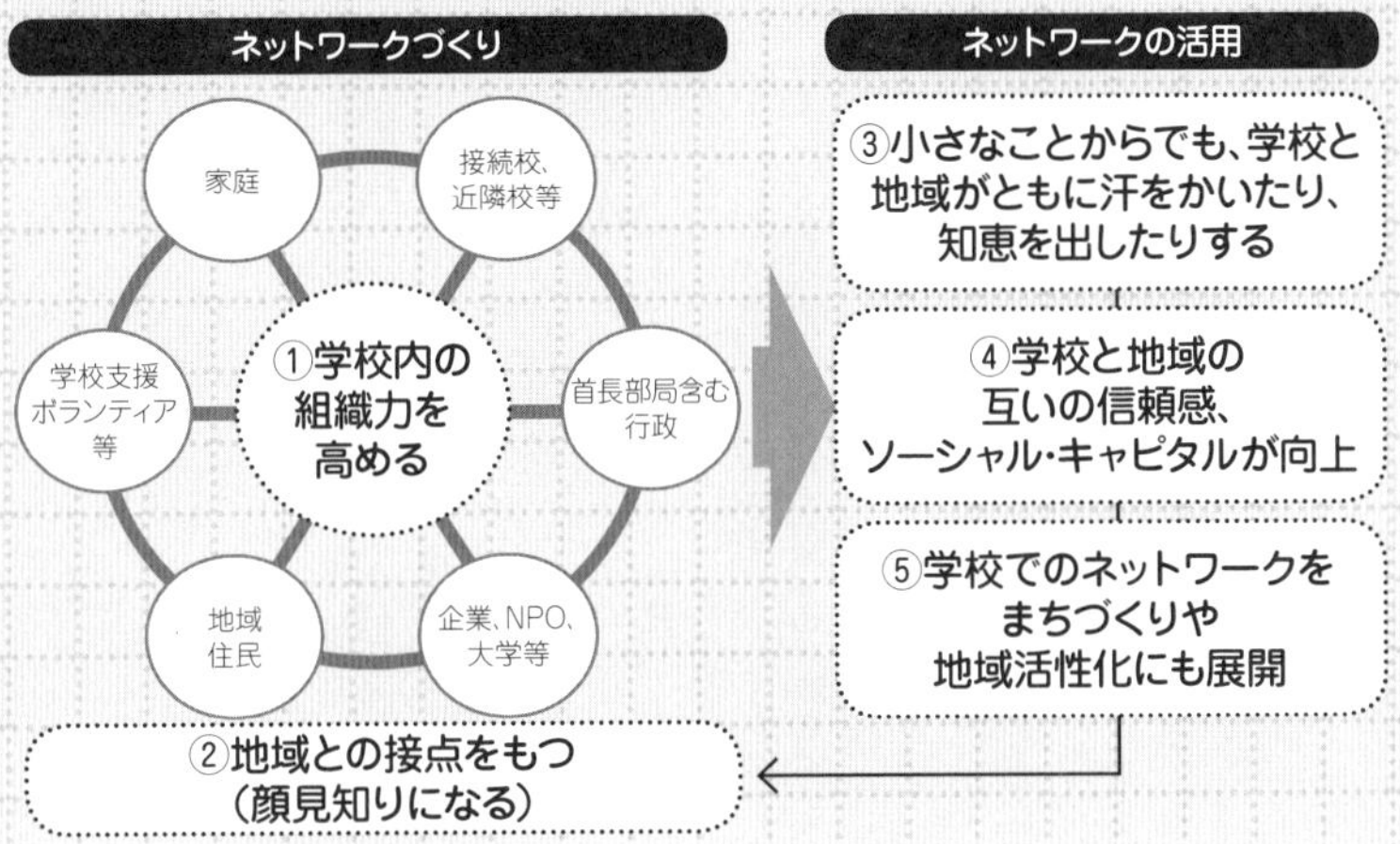

動などのやりやすいものからでも構いません。徐々に、学校のニーズと地域住民等の強みが見えてきますので、それに応じて、放課後の学習支援や読書活動、キャリア教育等での協力などにも連携を広げていけばよいのです。

地域社会の中での人々の連帯や信頼の強さを「ソーシャル・キャピタル（社会的関係資本）」と呼ぶこともありますが、学校は、地域のソーシャル・キャピタルを高める場ともなります。地域社会に暮らすさまざまな人たち（学校の教職員もその一員）の信頼関係が高まれば、学校で強まったネットワークは、地域の課題解決（まちづくりや地域活性化など）に取り組むことにも発展する可能性を先行事例は示唆しています。つまり、学校づくりと地域づくりがかなりの部分で重なりをもち、かつ相乗効果をもつようになりますし、学校と地域双方において、未来を担う人材が育つ（人づくり）ということにもなります。

これらの一連の「学校づくり×地域づくり×人づくり」のステップを進める基礎は何でしょうか？　それは本書で「変わる学校、変わらない学校」の違い、分岐点として何度も強調してきたことと同じです。すなわち、学校と地域との間で情報を共有すること、そしてビジョンや戦略という思いを共有していくことです。そして、活動する中で気づいたことや反省点を共有し、必要な軌道修正を図るなどして、「学習する学校」になっていくということです。

(1) ピーター・M・センゲ他（2014）『学習する学校』、p.481〜482。
(2) もっとも、この設問では、日本は「ある程度できている」と回答した割合が多く、これが上記の自己効力感の割合にカウントされていないことには留意が必要です。
(3) OECDのTALIS2013　Table 7.8。
(4) 鈴木竜太（2013）『関わりあう職場のマネジメント』有斐閣。
(5) たとえば、ピーター・M・センゲ他（2014）『学習する学校』、佐藤学（2015）『専門家として教師を育てる―教師教育改革のグランドデザイン』。
(6) 露口健司（2012）『学校組織の信頼』大学教育出版、第7章。
(7) 松田幸夫（2014）「地域とともにある学校づくり―学校事務職員のマネジメントを生かして」『学校事務』2014年2月号、松田幸夫（2015）「『地域とともにある学校づくり』をめざして」、『教職研修』2015年1月号に加えて、同氏へのヒアリング（2015年6月）による。
(8) 本田由紀（2014）『社会を結びなおす　教育・仕事・家族の連携へ』岩波書店。

おわりに

　学校教育については、実に多くの方が、自身の経験や思い入れから語ります。それは、大変エネルギッシュで、社会を動かす力になることもありますが、ときとして、主観的で、根拠が危ういものになるケースもあります。一方で、現状を客観的にうまく説明できたとしても、そのメッセージは児童・生徒を目の前にして一生懸命毎日を送っている教職員にとっては、言われる前から自明のことであったり、「ではどうしたらよいのだ？」と問いたくなるケースもあったりします。

　そこで本書では、なるべく学校現場からは〝付かず離れず〟の立場で、優れた取組を展開する学校と停滞する学校、つまり「変わる学校、変わらない学校」の違いを、分析し、そこから得られたヒントを、なるべく理解しやすく、行動しやすいよう〝翻訳〟してきました。

　とはいっても、私自身、本書を書き続けられたのも、教育問題に取り組もうと思ったのも、ある思い入れがあるからです。それは、中学生のときの原体験から来ています。徳島の人口1万人少しの町のたったひとつの中学校（現在は合併して1校ではありませんが、阿波市立市場中学校）は、当時、県内でもワースト5に入るという、かなり荒れた学校でした。生徒が吸ったタバコの吸い殻はあちこちに落ちているし、夜に窓ガラスは割れるし（尾崎豊の曲みたいですね）、暴力事件もありました。

これはなんとかしなければということで、生徒指導や学級運営に熱意と実績のあるエース級の先生が集まって編成されたのが、私がいた学年でした。中学生だった私にはマネジメントや組織運営についてわかるはずもありませんが、この学年は、教員個々の力量以上に、学年チームとして目標を共有し、まとまっていたという肌感覚が残っています。今思えば、ずいぶん多忙化した職場だったと思いますが、勉強に付いていけない生徒には放課後に細かく勉強を見ている先生も複数いましたし、生徒指導は担任や分掌に加えて、学年全体や学校全体で取り組んでいました。

「学校は変われる」―そう確信したのは、この中学校のときの体験からです。大人になって多くの学校を訪問調査したときは、「素晴らしい取組をしている学校や熱心な教職員は市場中だけじゃない」と胸がアツくなりました。

本書は、「そんな優れた取組をもっと広げられないだろうか?」「熱心な教職員が異動した後も継続して発展するようにできないだろうか?」と問い続けた結果をまとめたものです。すでに何度も繰り返していますが、「到達目標の共有」「プロセスの設計」「チーム・ネットワークづくり」という3点と、それらをつなぐ戦略をもって実践することが、「変わる学校」と「変わらない学校」の分岐点にあることを具体的に見てきました。さらには、組織力を高めていく学校マネジメントが、地域づくりにもつながり、両者には相乗効果があることについても触れました。

本書ではさらに分析や検証が必要な点もあろうかと思いますが、日本中の学校と地域がよりよくなるきっかけとその継続に、少しでも貢献できれば幸いです。ご感想やご意見、うちの学校はこんな取組をしているよという情報は、ぜひ本書の交流用のfacebookページ（本書名で検索して下さい）または筆者までお寄せいただけると、とてもうれしいです。

最後になりましたが、本書の作成にあたっては、文部科学省等の調査成果を相当活用させていただいていること、また調査等にご協力いただいた教育委員会や学校、識者、野村総合研究所の同僚らにお礼申し上げます。また、学事出版の方には出版という大変よい機会をいただき、ありがとうございました。

ここに来て、つくづくアインシュタインの次の言葉を思い出します。

過去から学び、今日のために生き、未来に対して希望を持つ。大切なことは、何も疑問を持たない状態に陥らないことである。

Learn from yesterday, live for today, hope for tomorrow. The important thing is not to stop questioning.

教育とは、学校で習ったことをすべて忘れた後に残っているものである。

Education is what remains after one has forgotten everything he learned in school.

本書を市場中学校の恩師の三橋博之先生、尾崎京子先生、西山伸二先生たちにささげます。

妹尾　昌俊

著者紹介

妹尾 昌俊

（せのお・まさとし）
学校づくり×
地域づくり
コンサルタント
野村総合研究所主任研究員

1979年徳島県生まれ。京都大学大学院修士課程修了（行政学）。これまで自治体等の公的組織のビジョン・戦略立案、行政改革、学校マネジメント等のプロジェクトに多数携わる。教職員向け研修、講演、アドバイス等も精力的に行っている。文部科学省学校評価ワーキング臨時委員。
※本書について、著者を交えた情報交換をフェイスブックにて行っています。学校経営に関するご感想なども気軽にどうぞ。
〈妹尾昌俊ブログ：
http://ameblo.jp/senoom/〉
〈本書facebookページ：
https://www.facebook.com/
kawarugakkou〉

変わる学校、変わらない学校

――学校マネジメントの
成功と失敗の分かれ道――

2015年11月 2 日　　初版発行
2020年 3 月 1 日　　第9刷発行

著　者　妹尾　昌俊
発行人　安部　英行
発行所　学事出版株式会社
〒101-0021
東京都千代田区外神田2-2-3
電話　03-3255-5471
HPアドレス　http://www.gakuji.co.jp/

編集担当　二井　豪
デザイン　田口亜子
印刷・製本　電算印刷株式会社

ISBN 978-4-7619-2163-7　C3037　Printed in Japan